Monika Gänsler
Sieglinde Holl
Barbara Huber
Tina Quaas
Pamela Roppel
Evelyn Weiß-Leimser

Schöner Schenken

Kreative Geschenke und Verpackungen

TOPP Inspiration

Inhaltsverzeichnis

Geschenkideen durchs Jahr 60

Geschenke kaufen 72

Geschenke toll verpackt 92

Geschenkte Zeit 108

Herzlichen Dank! 112

Vorlagen 118

Impressum 128

Vor

Bestimmt kennen Sie das: Eine gute Freundin hat bald Geburtstag, und Sie zermartern sich das Gehirn, was Sie ihr schenken könnten. Gar nicht so einfach, denn richtig Schenken ist eine Kunst für sich! In diesem Buch finden Sie zahlreiche Ideen für selbst gemachte Geschenke, wertvolle Tipps und Informationen zu Kauf-Geschenken und tolle Geschenkverpackungen. Seien Sie kreativ und überraschen Sie Ihre Freunde und Verwandten mit raffinierten Köstlichkeiten aus der Küche, selbst gemachten Körperpflegeprodukten, individuell zusammengestellten Geschenkkörben und, und, und. Auch Ideen für Anlässe wie Geburt, Hochzeit und Krankenbesuch oder originelle Gutscheine und Geldgeschenke haben wir hier für Sie gesammelt. So macht Schenken (wieder) richtig Spaß!

Massageöl

Die Kunst des Schenkens

Geburtstage, Weihnachten, Jubiläen oder einfach nur eine Einladung – Anlässe, zu denen man etwas verschenken möchte, gibt es häufig. Und genauso häufig steht man auch vor der Frage, woher man eine zündende Geschenkidee bekommt. Im Folgenden finden Sie einige Tipps und Tricks, damit Schenken nicht in Stress ausartet. Außerdem erfahren Sie in diesem Kapitel mehr über die Etikette des Schenkens. So macht Schenken richtig Spaß!

Zündende Geschenkideen

Richtig schenken ist eine Kunst für sich, zumindest dann, wenn man so schenken möchte, dass sich der Beschenkte auch wirklich über das Geschenk freut. Wie aber kommt man auf DIE richtige Geschenkidee? Und wen kann man im Notfall fragen, über was sich der zu Beschenkende wirklich freuen würde? Mit den folgenden Tricks und Tipps finden Sie garantiert eine zündende Geschenkidee!

Was ist ein gutes Geschenk?

Bei Geschenken spielt es eigentlich keine Rolle, wie teuer sie sind. Vielmehr kommt es darauf an, dem Beschenkten damit einen lang ersehnten Wunsch zu erfüllen, den Geschmack des anderen zu treffen oder genau das Präsent zu überreichen, das der Empfänger in dem Moment ausgezeichnet gebrauchen kann. Das klappt natürlich umso besser, je genauer man den anderen kennt. Also: Augen auf und hingeschaut, so kommen Sie sicher manchem insgeheimen Wunsch auf die Spur und können erfolgreich schenken!

Doppelte Freude

Nicht alles, was einem selbst gefällt, gefällt auch anderen. Deshalb sollten Sie nicht einfach nur zu dem greifen, was Sie sich selbst schon lange wünschen, sondern wirklich genau überlegen, womit Sie dem anderen eine Freude bereiten könnten. Gleichzeitig ist dringend davon abzuraten, etwas zu verschenken, von dem Sie selbst nicht überzeugt sind, denn das sieht man Ihnen beim Überreichen des Geschenkes sicher an. Deshalb: Suchen Sie so lange, bis Sie etwas gefunden haben, das Sie auch wirklich gerne verschenken wollen, denn das macht doppelte Freude – dem Beschenkten und Ihnen!

Persönlich statt praktisch

Überlegen Sie z. B., welche Hobbys die zu beschenkende Person hat. Könnte er dafür noch etwas gebrauchen? Hüten Sie sich aber davor, zu jedem Geburtstag Tennisbälle zu schenken, nur weil derjenige ein Tennisass ist. Das wird auf Dauer nämlich ziemlich langweilig und eintönig. Ebenso sollten Sie nicht den Fehler machen, Männern ständig das so genannte „S-O-S"-Paket (Schlips, Oberhemd, Socken) zu überreichen. Das geht auch dem gutmütigsten Mann irgendwann auf die Nerven.

Häufig ist es schöner, etwas Persönliches zu verschenken als etwas Praktisches. Viele Frauen können ein Lied davon singen, wenn es zum Geburtstag mal wieder ein neues Bügeleisen oder ein Kochtopf-Set gab. Deshalb: Verschenken Sie solche praktischen Dinge wirklich nur dann,

wenn sich derjenige die auch wirklich wünscht. Wer z. B. gerade einen Studentenhaushalt gründet, freut sich sicher über einen Staubsauger, die anderen dagegen weniger.

Schenken mit List(e)

Eine Möglichkeit, damit das Schenken nicht in Stress ausartet, ist eine Geschenkliste. Hier notieren Sie alle Ideen, die Sie haben, bzw. jeden Wunsch, den Ihre Freunde und Verwandten äußern. Halten Sie einfach Augen und Ohren offen. Oft werden nämlich Wünsche in Unterhaltungen beiläufig erwähnt oder man sieht bei einem Besuch in der Wohnung, was gut zur Einrichtung passen würde oder ob etwas fehlt. Wenn es dann so weit ist, genügt ein kurzer Blick und Sie wissen Bescheid. Vergewissern Sie sich jedoch vor dem Geschenkekauf, ob die betreffende Person sich den Wunsch nicht zwischenzeitlich schon selbst erfüllt hat!

Wer weiß etwas?

Wenn Sie selbst absolut keine Idee haben, womit Sie eine Freude bereiten könnten, dann erkundigen Sie sich beim Partner, bei Freunden oder Verwandten des zu Beschenkenden. Vielleicht haben die ja eine zündende Geschenkidee oder können unauffällig nachfragen? Bei Hochzeitspaaren oder runden Geburtstagen haben sich inzwischen auch Geschenktische oder genaue Wunschlisten etabliert. Wer hiervon etwas aussucht, liegt garantiert richtig. Haben Sie keine Angst, in so einem Fall als fantasie- oder einfallslos zu gelten. Geben Sie dem Geschenk einfach durch eine tolle Verpackung oder durch eine zusätzliche, überraschende Kleinigkeit die individuelle Note!

Überraschen oder nachfragen?

Wenn Sie selbst beim heftigsten Überlegen und nach der genausten Umfrage noch auf keine passende Geschenkidee gekommen sind, dann können Sie die betreffende Person natürlich auch selbst fragen, was sie sich wünscht. Manche Leute warten fast auf diese Frage und nennen Ihnen gleich mehrere Wünsche. Natürlich ist das Geschenk in dem Fall keine Überraschung mehr, aber wenn der Beschenkte trotzdem darüber begeistert ist, ist der Sinn und Zweck des Schenkens – nämlich Freude zu bereiten – erfüllt!

Problematisch wird es nur, wenn Sie einen Geschenkwunsch genannt bekommen, der nicht so leicht zu erfüllen ist. Sei es, weil Sie nicht wissen, wo, oder weil Sie dafür bestimmte Fachkenntnisse bräuchten, wie es z. B. bei Ausrüstungsgegenständen oder Materialien für ein spezielles Hobby der Fall sein könnte. In dem Fall verschenken Sie einfach einen Gutschein oder schnappen sich den zu Beschenkenden und laden ihn zu einem Einkaufsbummel (evtl. mit anschließendem Kaffeetrinken?) ein.

Übrigens: Wenn Sie nach einem Wunsch gefragt haben und es sind Ihnen gleich mehrere genannt worden, dann sollten Sie so fair sein und sich möglichst schnell für einen entscheiden, damit dieser von der Wunschliste gestrichen werden kann. Nicht, dass andere ebenfalls nachfragen und es nicht klar ist, welche Geschenkidee schon vergeben ist und welche nicht.

Schöner Schenken

Auch für das Überreichen des Geschenkes gibt es bestimmte Verhaltensregeln, die zum guten Ton gehören und die Sie am besten einhalten sollten. Die meisten kennen Sie wahrscheinlich sowieso schon und richten sich danach, aber hier haben wir sie für Sie trotzdem noch einmal kurz zusammengestellt.

Immer hübsch verpackt

Bitte packen Sie Geschenke grundsätzlich liebevoll ein. Einfach ein Geschenk unverpackt oder sogar in einer Plastiktüte zu überreichen beweist nicht gerade, dass man demjenigen eine Freude machen will oder besonders viel (Zeit) für ihn übrig hat. Im Kapitel „Geschenke toll verpackt" ab Seite 92 finden Sie zahlreiche Anregungen für hübsche Geschenkverpackungen.

Nur nicht protzen!

Achten Sie darauf, dass die Preisschilder vor dem Einpacken entfernt werden. Schließlich muss der Beschenkte nicht unbedingt wissen, wie viel Geld Sie für ihn ausgegeben haben. Wenn Sie das Präsent überreichen, gehört es sich auch nicht, dass Sie erzählen, wie teuer es war, und dass Sie Ihr letztes Geld dafür geopfert haben. Und selbst wenn Sie in mindestens zehn Geschäften waren und viel Zeit dafür benötigt haben, das Geschenk zu besorgen, sollten Sie das dem Beschenkten nicht unbedingt unter die Nase reiben. Schwärmen Sie nicht zu sehr von Ihrem Mitbringsel, denn damit bringen Sie den Beschenkten unter Umständen nur in Zugzwang.

Passende Kleinigkeiten

Sind Sie zu einem Abendessen bei Bekannten eingeladen, ist es nicht nötig, ein teures Geschenk mitzubringen. Damit bringen Sie den Gastgeber nur in Verlegenheit. Das soll aber nicht heißen, dass Sie gar nichts mitzubringen brauchen, denn über eine Kleinigkeit, die Sie evtl. selbst gebastelt haben, oder Blumen freut sich bestimmt jeder. Welche Blumen sich für eine Einladung eignen, lesen Sie auf Seite 84/85.

Blumen und Wein

Sind Sie als Paar bei einem anderen Paar eingeladen, dann bekommt meistens die Frau den Blumenstrauß überreicht, und zwar vom Mann. Das Einwickelpapier sollten Sie vorher entfernen. Am elegantesten machen Sie dies, indem Sie die Stiele festhalten und das Papier nach oben hin abstreifen. Sträuße, die in Klarsichtfolie eingehüllt sind, müssen nicht ausgepackt werden. Viele freuen sich auch über eine gute Flasche Wein.

Ihre Fantasie ist gefragt

Ist bei einer Einladung damit zu rechnen, dass viele Blumensträuße verschenkt werden, dann weichen Sie am besten auf eine andere Kleinigkeit aus. Denn schließlich wollen Sie ja nicht, dass Ihre Gastgeber in einem Blumenmeer ertrinken und kaum noch eine passende Vase für Ihren liebevoll ausgesuchten Strauß finden. Wäre doch schade, wenn dieser deshalb notgedrungen in der Badewanne landen würde. Nette Alternativen sind z. B. Pralinen, Kinogutscheine, eine selbst gemachte Leckerei aus der Küche oder auch eine schöne Vase selbst! Ihrer Fantasie und Ihrem Ideenreichtum sind hier keine Grenzen gesetzt!

Hände weg von Sprungteufel & Co.

Manche Leute finden Scherzgeschenke besonders lustig – das sind in der Regel aber nicht die Beschenkten selbst. Da diese Sachen oft eine Menge Geld kosten und man nach dem „lustigen" Auspacken damit meistens nichts mehr anfangen kann, gilt die Regel: Hände weg von Scherzgeschenken! Es sei denn, Sie müssen unbedingt Geld loswerden oder Sie haben neben dem nicht allzu teuren Scherzgeschenk noch ein „richtiges Geschenk" mitgebracht. Achten Sie aber unbedingt darauf, mit den Scherzgeschenken keine Gefühle zu verletzen.

Sieben goldene Geschenkregeln

- *Schenken Sie lieber etwas Persönliches als etwas Praktisches.*
- *Verschenken Sie möglichst keine Scherzgeschenke.*
- *Geschenke sollten immer liebevoll verpackt werden.*
- *Blumen müssen vor dem Überreichen aus dem Papier ausgewickelt werden.*
- *Überlegen Sie genau, womit Sie der betreffenden Person eine Freude machen können.*
- *Schenken Sie nie aus Berechnung.*
- *Und: Schenken Sie selbst mit Freude!*

KOCHBUCH

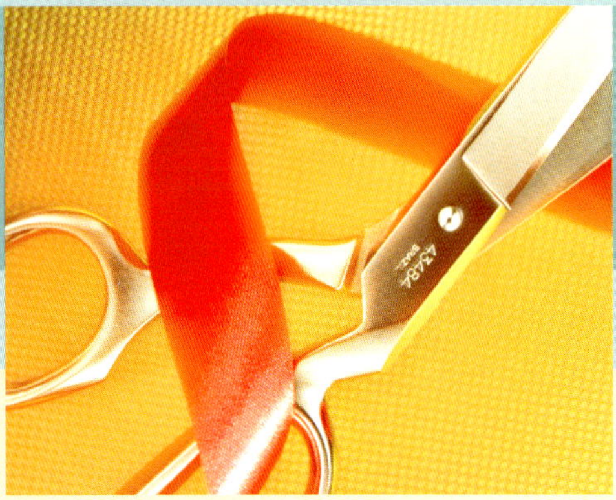

Rose

Kreativ und schön

Einzigartig, wunderschön und individuell, so sind die selbst gemachten Geschenke, die Sie auf den folgenden Seiten finden. Ob für die beste Freundin, Ihren Partner oder ein Kind aus der Verwandtschaft – hier finden Sie garantiert für jeden Geschmack eine passende Geschenkidee. Sie werden sehen: Selbst gemachte Geschenke sind keine angestaubte Notlösung, sondern Überraschungen, über die sich wirklich jeder freut. Und abgesehen davon macht es auch wirklich Spaß, mal wieder richtig kreativ zu sein!

Selbst gemachte Geschenke

Selbst gemachte Geschenke müssen nicht immer gestrickte Socken sein. Auf den folgenden Seiten finden Sie viele tolle Sachen, die fantastisch aussehen und die es in keinem Laden zu kaufen gibt. Lassen Sie sich von den Ideen inspirieren und beglücken Sie Ihre Freundin zum Beispiel mit individuellem Schmuck oder pflegendem Körperöl. Und Ihr Partner freut sich bestimmt über die kuscheligen Anti-Rutsch-Socken!

Das wertvollste Geschenk: Zeit

Unsere Zeit wird immer schnelllebiger und hektischer. Gerade deshalb freuen sich immer mehr Menschen, wenn man Ihnen nicht einfach rasch ein Geschenk aus dem Laden besorgt, sondern sich Ruhe und Zeit nimmt, selbst kreativ etwas für sie zu basteln. Das ist aber gar nicht so leicht, denn die wenigsten von uns wissen so richtig, wie das geht. Deshalb finden Sie auf den folgenden Seiten Sachen, die toll aussehen und dank der genauen Anleitungen ganz leicht nachzumachen sind. Wer weiß, vielleicht ist ja DIE Geschenkidee dabei, nach der Sie schon lange gesucht und die sie sonst nirgends gefunden haben?

Nicht immer nur Socken!

Vielleicht haben Sie ja auch schon ein bestimmtes Hobby bzw. Fähigkeiten, die Sie für selbst gemachte Geschenke einsetzen können? Denken Sie aber bitte daran, dass Sie Ihren Mitmenschen nur dann wirklich Freude damit machen, wenn Sie Ihr Hobby auch gemäßigt einsetzen. Sollten Sie z. B. zu den passionierten Strickerinnen zählen, dann freuen sich Ihre Bekannten sicher über ein Paar Socken, aber beim zehnten Paar hält sich die Begeisterung wahrscheinlich in Grenzen. Selbstverständlich müssen Ihre selbst gemachten Geschenke auch wirklich gelungen sein, aber mit den nachfolgenden Anleitungen gelingt Ihnen das sicher. Sie werden sehen: Anerkennung ist garantiert. Und wer weiß? Vielleicht entdecken Sie ja quasi ganz nebenbei für sich selbst ein neues Hobby?

Das sollten Sie im Haus haben

Ein paar Materialien und Werkzeuge sollten Sie auf alle Fälle im Haus haben, wenn Sie die Geschenke machen wollen. Das sind:

- *Schere*
- *Klebstoff und Klebefilm*
- *Bleistift*
- *Transparentpapier (falls Sie Schablonen machen müssen)*
- *ggf. dünnen Karton*

So fertigen Sie Schablonen

Für einige Modelle aus diesem Kapitel müssen Sie Vorlagen übertragen. Manchmal empfiehlt es sich, dafür Schablonen anzufertigen. Dazu legen Sie das Transparentpapier auf die Vorlage und pausen die Linien ab. Dann schneiden Sie das Transparentpapier aus. Nun können Sie das Transparentpapier entweder direkt auf das Material legen und die Umrisse mit Bleistift nachfahren oder, falls Sie eine stabilere Vorlage wünschen, Sie kleben das Transparentpapiermotiv auf dünnen Karton und schneiden dann daraus die passende Schablone aus.

Kosten und Zeitbedarf

Bei jedem der selbst gemachten Geschenke finden Sie die Information, wie teuer die Materialien ungefähr sind und wie lange Sie brauchen, um das Geschenk zu machen. Hierbei handelt es sich allerdings nur um Zirka-Angaben. Gerade wenn Sie nur etwas Farbe brauchen ist z. B. nicht der Preis für alle Farben angegeben. Und die Zeitangaben hängen natürlich auch davon ab, wie geübt Sie sind. Dennoch helfen Ihnen diese Angaben sicher weiter, wenn Sie z. B. vor der Frage stehen, ob Sie lieber ein Geschenk kaufen oder selber machen wollen.

Preiskategorien

bis 10 Euro bzw. 20 SFr: ★
bis 20 Euro bzw. 40 SFr: ★★
ab 20 Euro bzw. 40 SFr: ★★★

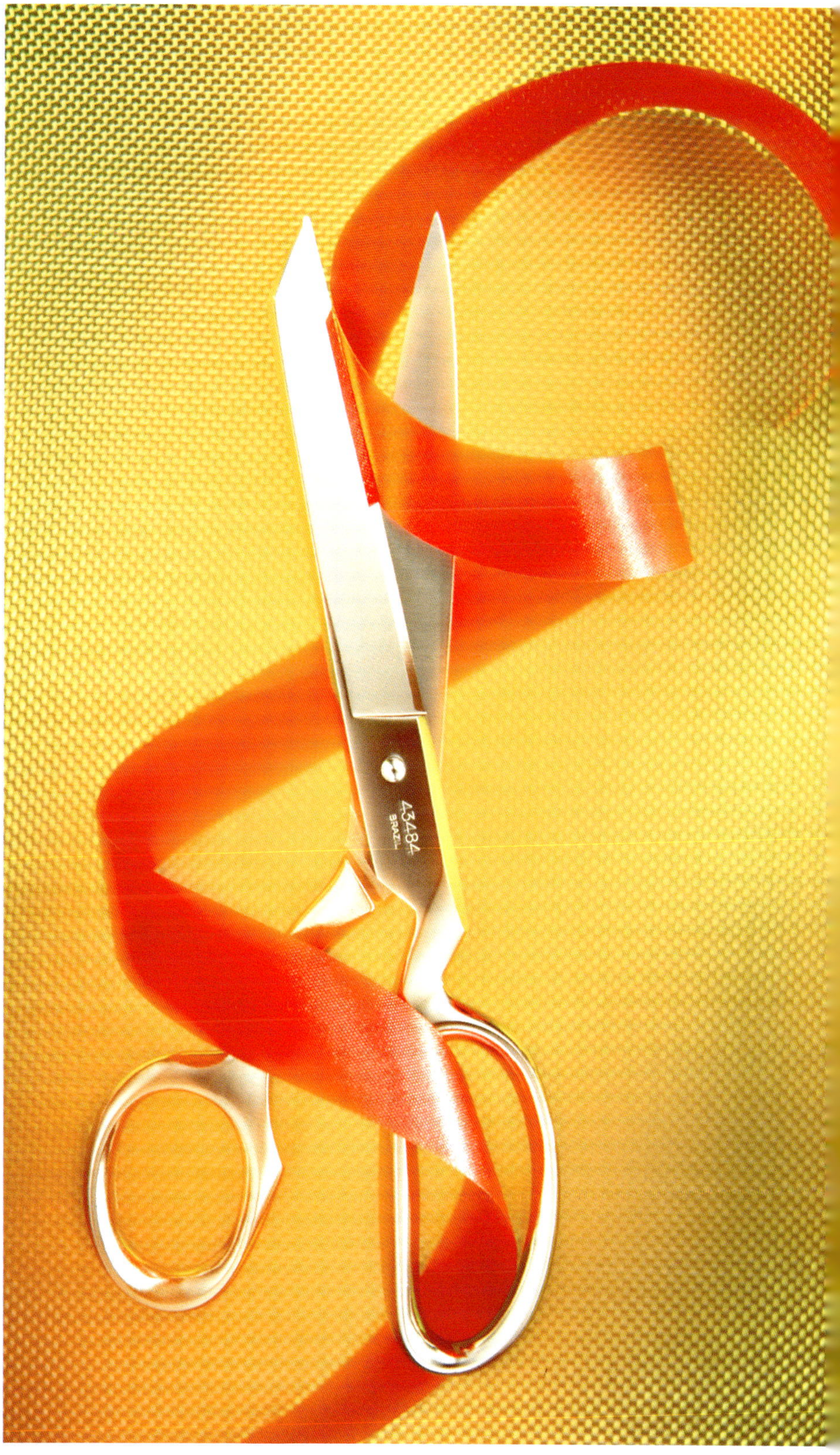

Geschenke aus der Küche

In der Küche lassen sich Mitbringsel zaubern, die lecker schmecken und fantastisch aussehen. Schwärmt Ihre Freundin zum Beispiel noch immer von der Marmelade, die sie beim letzten Brunch bei Ihnen versuchen durfte? Dann freut sie sich bestimmt, wenn Sie diese extra für sie in ein hübsches Glas abfüllen. Oder wollen Sie lieber etwas Hochprozentiges verschenken? Auch hierfür finden Sie leckere Rezepte.

Aromatisches Kräuteröl

Material

- *Kräuter nach Belieben (z. B. Melisse, Rosmarin und Thymian)*
- *natives Olivenöl*
- *Glasflasche mit Korken*
- *Bast in Natur*
- *Elefantenhaut in Hell*
- *Schreibmaschinenpapier*
- *Konturenschere*
- *ggf. Stift in Schwarz*

Die Kräuter waschen, gut trocknen lassen und in die Flasche mit Öl geben, sodass diese gut bedeckt sind. Das Öl etwa drei Wochen bei Zimmertemperatur ziehen lassen. Danach nach Wunsch das Öl durch ein Sieb gießen und so die Kräuter entfernen. Die Kräuter können aber auch im Öl bleiben. Das Elefantenpapier beschriften (evtl. mit dem Computer), mit der Konturenschere ausschneiden und auf ein etwas größeres Stück Schreibmaschinenpapier kleben, das ebenfalls mit der Konturenschere ausgeschnitten wurde. Das Etikett auf der Flasche aufkleben und diese mit einer Bastschleife und frischen Kräutern verzieren.

Preis: ★
Zeitbedarf: ca. 20 Minuten

Tipps

Gerne können Sie hier natürlich auch Kräuter aus Ihrem Garten verwenden.

Das Öl sollten Sie möglichst dunkel und bei ungefähr 20 °C lagern. So hält es etwa ein halbes Jahr.

Leckerer Kräuteressig

Material

- *Kräuter nach Belieben (z. B. Melisse, Rosmarin und Thymian)*
- *Essig (z. B. Apfelessig oder Weißweinessig)*
- *Glasflasche mit Korken*
- *Bast in Natur*
- *Elefantenhaut in Hell*
- *Schreibmaschinenpapier*
- *Konturenschere*
- *ggf. Stift in Schwarz*

Eine Tasse Essig und eine Tasse Wasser in einen Topf geben und die Flüssigkeit so weit erhitzen, bis sie fast kocht. Den Topf vom Herd nehmen, die Flüssigkeit leicht abkühlen lassen und in die Flasche füllen, in der bereits die Kräuter sind. Die Flüssigkeit ziehen lassen und nach Wunsch die Kräuter herausfiltern. Das Etikett wie beim Kräuteröl beschrieben gestalten und die Flasche mit einer Bastschleife und frischen Kräutern dekorieren.

Preis: ★
Zeitbedarf: ca. 30 Minuten

Kochbuch

Material

- *Notizbuch mit hartem Einband*
- *Blütenpapier*
- *Elefantenhaut in Hell und Dunkel*
- *Papierspitze*
- *Konturenschere*
- *ggf. Stift in Schwarz*

Das Blütenpapier passend zuschneiden, dabei oben und unten jeweils 3 cm und in der Breite 6 cm und die Stärke des Buchrückens zugeben. Das Buch genau in die Mitte des Papiers legen, einschlagen und das Papier auf den Innenseiten des Umschlags festkleben. Das Buch auf der Vorderseite oben und unten mit der Papierspitze verzieren. Auf die helle Elefantenhaut „Kochbuch" (evtl. mit dem Computer) schreiben und daraus ein Oval mit der Konturenschere ausschneiden. Dieses auf ein etwas größeres Oval aus dunkler Elefantenhaut kleben und das Etikett auf dem Kochbuch befestigen.

Preis: ★
Zeitbedarf: ca. 30 Minuten

Tipp

Das Kochbuch können Sie natürlich mit leeren Seiten verschenken. Noch mehr Freude macht es dem Beschenkten aber sicher, wenn Sie darin bereits eine kleine Rezept-Sammlung angelegt haben, z. B. mit Gerichten, die Sie bei einem gemeinsamen Kochabend schon mal ausprobiert haben.

Vielfruchtmarmelade mit Schuss

Zutaten (für 4 Gläser)

- *je 250 g rote und schwarze Johannisbeeren, Stachelbeeren, Himbeeren und säuerliche Äpfel*
- *1 kg Gelierzucker*
- *Saft einer Zitrone*
- *2 cl Himbeergeist*

Johannisbeeren waschen, abtropfen lassen und verlesen. Stachelbeeren waschen und putzen. Äpfel schälen und in 1 cm dicke Scheiben schneiden. Das vorbereitete Obst zusammen mit den Himbeeren und dem Zucker in einen Topf geben und unter ständigem Rühren aufkochen. Drei Minuten kochen lassen, Topf vom Herd nehmen und den Zitronensaft und Himbeergeist hineingeben. Die Marmelade noch heiß in vorbereitete Marmeladengläser füllen und verschließen.

Preis: ★
Zeitbedarf: ca. 35 Minuten

Himmlisches Himbeergelee (ohne Abbildung)

Zutaten (für vier Gläser)

- *1,5 kg frische Himbeeren*
- *1 kg Zucker*
- *Saft einer Zitrone*
- *1 Flasche flüssiges Geliermittel*

Himbeeren in einen Topf geben und mit 1/4 l Wasser aufkochen. Ein altes Geschirrtuch über eine Schüssel spannen oder, falls vorhanden, ein Passiersieb verwenden. Die Himbeeren auf das Tuch geben und den Saft durchlaufen lassen. Den Himbeersaft mit Wasser so weit auffüllen, dass ein Liter Flüssigkeit entsteht. Wieder in den Topf geben und mit dem Zucker aufkochen lassen. Zitronensaft zugeben und nochmals aufkochen lassen. Flüssiges Geliermittel nach Gebrauchsanweisung hineinrühren und eine Minute kochen lassen. Danach in Marmeladengläser füllen und diese gut verschließen.

Preis: ★★
Zeitbedarf: ca. 20 Minuten

Dekoratives Marmeladenglas

Material

- *Marmeladenglas*
- *Baumwollstoff in Blau, Größe abhängig von der Größe des Marmeladenglases*
- *Satinband in Blau, 3 mm breit*
- *Elefantenhaut in Hell*
- *Konturenschere*
- *ggf. Stift in Schwarz*

Die frisch gekochte Marmelade in das gespülte Glas füllen. Aus dem Stoff einen Kreis ausschneiden, dessen Durchmesser ungefähr doppelt so groß sein sollte wie der des Marmeladenglases, den Stoffkreis über den Deckel legen und unterhalb des Deckels mit Satinband festbinden. Die Elefantenhaut beschriften (evtl. mit dem Computer), mit der Konturenschere ein Oval daraus ausschneiden und das Etikett auf das Glas kleben.

Preis: ★
Zeitbedarf: ca. 20 Minuten

Rumkirschen

Zutaten

- *1,5 kg Sauerkirschen*
- *750 g Zucker*
- *1 Vanilleschote*
- *0,7 l starker Rum*
- *passendes Glas*

Kirschen waschen, entstielen und entsteinen. Das Mark aus der Vanilleschote herauskratzen und zu den Kirschen geben. Mit dem Zucker vermengen und zugedeckt zwei Stunden ziehen lassen. Die Kirschmischung in einen Steinguttopf oder Rumtopf geben und mit Rum begießen. Der Alkohol sollte die Früchte ca. zwei Finger breit bedecken. Damit die Kirschen nicht schwimmen, diese am besten mit einem passenden Teller beschweren. Den Topf mit Pergamentpapier verschließen und mindestens drei Wochen kühl, luftig und möglichst dunkel stellen. Sollten die Kirschen nicht mehr ganz mit Flüssigkeit bedeckt sein, noch Rum nachgießen. Zum Verschenken die Rumkirschen in ein hübsches Glas füllen.

Preis: ★★
Zeitbedarf: ca. 30 Minuten

Schlehenlikör

Zutaten

- *200 g Schlehen*
- *1 Flasche Gin*
- *150 g Zucker*
- *passende Flasche*

Die gesammelten Schlehen leicht mit einen spitzen Messer anritzen und in eine Flasche füllen. Mit Zucker bedecken und mit Gin auffüllen. Die Flasche jeden Tag einmal schütteln, damit sich die Zutaten gut vermischen. Nach zwei Monaten die Schlehen wegschütten und den Likör mindestens drei Wochen ruhen lassen.

Preis: ★
Zeitbedarf: ca. 30 Minuten

Tipps

Die Rumkirschen schmecken vorzüglich zu Eis und Pudding, können aber auch mit Sekt aufgegossen werden.

Je länger der Likör gelagert wird, desto aromatischer wird er!

Geschenke aus dem Garten und der Natur

Es gibt wohl niemanden, der sich nicht über Blumen freut. Sie müssen aber nicht immer zu einem Floristen gehen, um Blumen zu verschenken, denn auch ein bunter, hübsch arrangierter Wiesen- oder Gartenstrauß lässt das Herz von Blumenfreunden höher schlagen. Oder verschenken Sie doch mal eine bepflanzte Kräuterschale, die die Küche zieren kann.

Schön arrangierter Rosenstrauß

Material

- *20 Rosen in Gelb*
- *Bast in Natur*
- *Efeuranke*
- *Glasvase*

Die Rosen in die Glasvase stellen. Den Bast oberhalb des Vasenrandes mehrfach um die Rosenstängel wickeln und zu einem losen Kranz zusammenbinden. Die Efeuranke um den Bastkranz arrangieren.

Preis: ★
Zeitbedarf: ca. 15 Minuten

Tipp

Sie müssen für dieses Rosenarrangement nicht immer Rosen vom Floristen nehmen. Auch im Supermarkt sind manchmal günstige Rosen im Bund zu bekommen, aus denen Sie dieses Arrangement genauso gut gestalten können.

Kräutergarten

Material

- *Tonschale, ø 26 cm*
- *Blumenerde*
- *4 verschiedene Kräuter*
- *Elefantenhaut in Hell*
- *5 St. Steckdraht*
- *Bast in Natur*
- *Konturenschere*
- *ggf. Stift in Schwarz*

Die Kräuter in die Tonschale pflanzen. Die Namen der Kräuter auf Elefantenhaut schreiben (evtl. mit dem Computer) und diese mit der Konturenschere oval ausschneiden. Auf die Rückseite der Schilder jeweils einen Steckdraht kleben und diesen mit einem zweiten Oval aus Elefantenhaut abdecken. Die Schilder zu den entsprechenden Kräutern stecken.

Aus dem Bast eine einfache Schleife binden, diese in der Mitte mit Steckdraht abbinden und in die Schale stecken.

Preis: ★★
Zeitbedarf: ca. 40 Minuten

Pflegende Geschenke

Auch selbst gemachte Körperpflegeprodukte eignen sich hervorragend als Geschenk, besonders dann, wenn sie noch in hübsche Döschen oder Flaschen abgefüllt werden. Am besten sollten Sie hier gleich ein bisschen mehr machen und sich selbst gleich mit beschenken!

Zarte Rosencreme

Zutaten

- *30 ml Rosenwasser*
- *30 g Bienenwachs*
- *85 ml natives Olivenöl*

Olivenöl zusammen mit dem Bienenwachs in einem kleinen Topf im Wasserbad erwärmen. Die Mischung darf nicht heißer als 70 °C werden. Wenn das Wachs geschmolzen ist, das Rosenwasser leicht erwärmen und unter ständigem Rühren unter das Gemisch geben. Den Topf aus dem Wasserbad heben und die Creme so lange rühren, bis sie kalt geworden ist.

Preis: ★
Zeitbedarf: ca. 20 Minuten

Tipp

Diese Creme ist besonders gut als Nachtcreme geeignet.

Milde Kamillenhandcreme

Zutaten

- *1 EL Kakaobutter*
- *1 EL Wachs*
- *1 EL süßes Mandelöl*
- *1 TL Zitronensaft*
- *1/2 Tasse Wasser*
- *1 EL Kamillenblüten*
- *1 TL Zitronensaft*

Einen Kamillenblütenaufguss aus einer halben Tasse kochendem Wasser und einem Esslöffel Kamillenblüten herstellen. Den Aufguss erkalten lassen und filtern. Das Wachs in einem Topf bei geringer Hitze zusammen mit der Kakaobutter und dem Mandelöl schmelzen lassen. Einen Esslöffel vom Kamillenblütenaufguss und den Zitronensaft hinzurühren, den Topf vom Herd nehmen und die Creme so lange rühren, bis sie kalt ist.

Preis: ★
Zeitbedarf: ca. 20 Minuten

Duftendes Ölbad

Zutaten

- *500 ml neutral duftendes Ölbad*
- *30 Tropfen Rosenholzöl*
- *20 Tropfen Sandelholzöl*
- *20 Tropfen Magnolienöl*
- *30 Tropfen Jasminöl*
- *passende Glasflasche*

Das Ölbad in die Flasche füllen und die ätherischen Öle hinzugeben. Dann die Flasche verschließen und so lange vorsichtig schütteln, bis sich alles gut vermischt hat.

Preis: ★★
Zeitbedarf: ca. 10 Minuten

Pflegendes Körperöl

Zutaten

- *500 ml Basisöl (z. B. Mandel-, Jojoba-, Weizenkeim- oder Sesamöl)*
- *20 Tropfen Sandelholzöl*
- *20 Tropfen Jasminöl*
- *10 Tropfen Rosenholzöl*
- *10 Tropfen Koriandersamenöl*
- *passende Glasflasche*

Das Basisöl in die Flasche füllen und die ätherischen Öle hinzufügen. Danach das Gefäß verschließen und vorsichtig schütteln, bis sich alles gut vermischt hat.

Preis: ★★
Zeitbedarf: ca. 10 Minuten

Tipps

Die verwendeten ätherischen Öle können Sie z. B. in Apotheken kaufen.

Hübsche Flaschen finden Sie in Geschäften, in denen Sie Spirituosen, Essige und Öle abfüllen lassen können. Geeignete Döschen oder Gläschen für die Cremes bekommen Sie z. B. in Apotheken. Sie können aber auch alte Cremedöschen verwenden, die Sie allerdings sorgfältig auswaschen sollten. Verzieren Sie die Flaschen bzw. Döschen noch mit Anhängern, die Sie mit einem goldenen Metallicstift beschriften.

Die Körperpflegeprodukte mit den ätherischen Ölen sollten möglichst dunkel gelagert und rasch verbraucht werden.

Schmuck

Ihre beste Freundin liebt Schmuck über alles? Dann überraschen Sie sie doch zu ihrem nächsten Geburtstag mit diesen modernen, selbst gemachten Schmuckstücken! Selbstverständlich können Sie die Farben der verwendeten Perlen verändern, damit die neue Kette auch perfekt zur Garderobe passt. Ihre Freundin wird begeistert sein!

Bunte Blumen-Kette

Material

- *je 2 Kunststoffblumen in Lila, Pink und Orange*
- *je 2 Kunststoffschmetterlinge in Lila, Grün und Orange*
- *1 Dose rechteckige Rocailles im Farbmix, 4 mm x 4 mm*
- *Stahldraht in Schwarz, ø 0,4 mm, 3 m lang*
- *56 Quetschperlen in Schwarz, ø 2,5 mm*
- *1 Schraubverschluss in Schwarz, 23 mm lang*
- *Seitenschneider*
- *spitze Flachzange*

Mit dem Seitenschneider vom Draht 26 Stücke mit je 8 cm Länge abschneiden. Beim restlichen, langen Drahtstück ca. 3 cm stehen lassen und dann den ersten Knoten machen. Dabei den Draht glatt halten, da er sonst Knicke bekommt. Dann im Abstand von 1,5 cm bis 2 cm 25 weitere Knoten machen (insgesamt sind es also 26 Knoten) und am Ende wieder 3 cm Draht überstehen lassen. Bei den Knoten darauf achten, dass diese nicht zu fest zugezogen werden. Die Öffnungen sollten so groß bleiben, dass man anschließend noch bequem ein Drahtstück hindurchziehen kann. Dann auf beiden Seiten des langen Drahtstücks je eine Quetschperle, eine Rocaille und eine Quetschperle auffädeln. Die Drahtenden jeweils ca. 1,5 cm umknicken. Auf jeder Seite die obere Quetschperle mit der spitzen Flachzange so nach oben über den doppelt gelegten Draht schieben, dass eine Öse mit ø 2 mm entsteht. Die Quetschperlen durch kräftiges Zusammendrücken mit der Zange fixieren. Die überstehenden Drahtenden abschneiden und die Rocailles jeweils mit der zweiten Quetschperle eng an der Öse fixieren. An den Enden der 26 Drahtstücke jeweils eine Quetschperle befestigen und auf jedes eine Rocaille auffädeln. Dann jedes Drahtstück durch einen Knoten ziehen, darauf abwechselnd entweder Rocailles bzw. Blumen oder Schmetterlinge aufziehen und diese Perlen wieder durch Quetschperlen sichern. Auf beiden Seiten den Verschluss einhängen. Die Kette ist ca. 53 cm lang.

Preis: ★★
Zeitbedarf: ca. 1 Stunde 30 Minuten

Blumen-Ring

Material

- *1 Kunststoffblume in Blau*
- *1 verstellbarer Ringrohling in Silber*
- *Zweikomponentenkleber*

Die Blume mit dem Klebstoff auf den Ringrohling kleben.

Preis: ★
Zeitbedarf: ca. 5 Minuten

Elegante Kette mit Swarovski-Perlen

Material

- *19 Metallröhrchen in Silber-Glänzend, 14 mm x 5 mm*
- *je 18 runde Swarovskiperlen in Fuchsia und Siam, ø 4 mm*
- *je 18 Doppelkegel-Swarovskiperlen in Hyazinth und Emerald, ø 4 mm*
- *3 Metallblumen, ø 8 mm*
- *Stahldraht in Silber, ø 0,4 mm, 1,8 m lang*
- *2 Quetschperlen in Silber, ø 2,5 mm*
- *2 Spaltringe in Silber, ø 6 mm*
- *1 Herzkarabiner in Silber*
- *Seitenschneider*
- *spitze Flachzange*

Den Draht mit dem Seitenschneider in vier gleich lange Stücke schneiden. Auf einer Seite eine Quetschperle über alle vier Drahtenden schieben und ein Drahtende etwa 2 cm weiter herausziehen. Dieses überstehende Drahtende umknicken und wieder durch die Öse der Quetschperle zurückführen. Auf diese Art und Weise aus dem längeren Drahtende eine Öse mit ø ca. 3 mm bilden, in die später ein Spaltring eingehängt wird. Die Quetschperle mit der Flachzange fixieren. Dann in die Drahtöse einen Spaltring und in diesen den Herzkarabiner einhängen. Ein Metallröhrchen auf die vier Drahtstränge aufschieben. Dann auf jeden Drahtstrang eine unterschiedliche Swarovski-Perle aufziehen. Wieder ein Röhrchen über alle vier Drähte ziehen und so weit hochschieben, bis die Perlen ziemlich fest sitzen. Nach diesem Muster fortfahren, bis alle Perlen aufgefädelt sind. Zusätzlich an sechster, elfter und fünfzehnter Stelle eine Metallblume mit aufziehen, in der eine der Perlen sitzt. Am Ende wieder wie vorne beschrieben eine Drahtöse bilden, die 15 mm nach den letzten Perlen mit einer Quetschperle fixiert wird, und die überstehenden Drahtenden abzwicken. Am Schluss das letzte Röhrchen auffädeln und den Spaltring einhängen. Die Kette ist ca. 42 cm lang.

Preis: ★★★
Zeitbedarf: ca. 45 Minuten

Armband mit Swarovski-Perlen

Material

- *9 Vierkantröhrchen in Silber, 10 mm lang*
- *4 Metallblumen in Silber, ø 8 mm*
- *je 9 runde Swarovskiperlen in Fuchsia und Siam, ø 4 mm*
- *je 9 Doppelkegel-Swarovskiperlen in Hyazinth und Emerald, ø 4 mm*
- *Stahldraht in Silber, ø 0,4 mm, 1 m lang*
- *4 Nietstifte in Silber, 24 mm lang*
- *2 Quetschperlen in Silber, ø 2,5 mm*
- *2 Spaltringe in Silber, ø 5 mm*
- *1 Herzkarabiner in Silber*
- *Seitenschneider*
- *spitze Flachzange*

Das Armband wird nach dem gleichen Muster wie die Kette gefertigt, wobei hier das letzte Vierkantröhrchen am Ende vor der Quetschperle aufgefädelt wird. Auf die Nietstifte jeweils eine Blume mit einer Perle als Blumenmitte aufschieben, dann die Stifte so kürzen, dass noch ca. 8 mm überstehen. Diese überstehenden Enden zu Ösen biegen, die etwas geöffnet sind. Die Stifte in jede zweite Perlengruppe einhängen und die Ösen schließen. Das Armband ist ca. 20 cm lang.

Preis: ★★
Zeitbedarf: ca. 30 Minuten

Trendige Wohnraumaccessoires

Einfache Vasen oder Bilderrahmen lassen sich mit Draht ruck, zuck in trendige Wohnraumaccessoires verwandeln, die wirkungsvoll aussehen und eine Zierde für jedes Wohnzimmer sind. Die Farben lassen sich natürlich beliebig variieren, da sind Ihrer Fantasie keine Grenzen gesetzt!

Vase mit Silberdrahtwellen

Material

- *zylindrische Glasvase in Rauchblau, ø 18 cm, 18 cm hoch*
- *gut biegbarer Silberdraht, ø 1,5 mm, 2,5 m lang*
- *Biegezange*
- *Seitenschneider*
- *Kieselsteine in Weiß (nach Wunsch)*

Den Silberdraht zu einer Spirale wickeln. Dazu den Draht immer Stück für Stück um einen Bleistift wickeln. Dann die Drahtspirale auseinander ziehen, damit Drahtwellen entstehen. Den ersten Drahtwellenkreis ums Glas legen, wobei dieser nicht zu stramm sitzen sollte. Mit der Biegezange eine Öse biegen und den Drahtkreis damit fixieren. Den Draht noch zweimal um das Glas legen. Den noch übrigen Draht nun um alle drei Drähte schlingen, damit diese fixiert sind. Dann das Drahtende nach oben führen, am Rand fixieren, indem ca. 5 cm nach innen ins Glas gebogen werden. Den Rest wieder nach außen führen und auf die gewünschte Länge kürzen. Zum Schluss nach Wunsch die Kieselsteine in die Vase legen.

Preis: ★★
Zeitbedarf: ca. 30 Minuten

Bilderrahmen mit Drahtwellen

Material

- *Bilderrahmen in Blau lasiert, 18 cm x 24 cm*
- *Acrylfarbe in Weiß*
- *gut biegbarer Silberdraht, ø 1,5 mm, 2,1 m lang*
- *Biegezange*
- *Seitenschneider*
- *Pinsel*

Den Holzrahmen mit weißer Acrylfarbe lasieren, und zwar so, dass die blaue Rahmenfarbe noch durchscheint und in der weißen Farbe noch Pinselstriche sichtbar sind. Den Silberdraht in drei Stücke mit je 70 cm Länge schneiden. Jedes Stück nacheinander um einen Bleistift wickeln, um Drahtspiralen zu erhalten. Die Drahtspiralen wie bei der Vase beschrieben auseinander ziehen, damit Drahtwellen entstehen. Die Wellen-Drähte um den Bilderrahmen legen. Jeweils auf der Rückseite eine Öse biegen und den Draht damit fixieren. Die Drähte so arrangieren, dass auf einer Seite zwei Drähte den Rahmen zieren und auf der anderen nur einer.

Preis: ★
Zeitbedarf: ca. 40 Minuten

Mit der Nähmaschine gezaubert

Haben Sie zu Hause auch irgendwo eine Nähmaschine herumstehen, diese aber schon lange nicht mehr benützt? Dann ziehen Sie sie am besten wieder aus ihrer Ecke hervor, denn die bunte Nackenrolle und der edle Rosen-Schal werden bestimmt so viel Begeisterung hervorrufen, dass Sie davon bald noch mehr machen müssen!

Nackenrolle

Material

- *fester Baumwollstoff, z. B. mit Streifen*
- *Nackenrolle (Rohling)*
- *dicke Kordel in Orange*
- *Nähgarn in passender Farbe*
- *Nähmaschine*

Je nach Größe und Umfang der Nackenrolle den Stoff so zuschneiden, dass er links und rechts ca. 30 cm bis 35 cm übersteht. Mit der Nähmaschine die Seiten säumen und dann aus dem Stoff einen Schlauch nähen. Die linke und die rechte Seite ca. 15 cm nach innen umschlagen und mit der Nähmaschine absteppen. Die Nackenrolle in den Stoffschlauch schieben, beide Stoffenden mit der dicken Kordel mehrfach umschlingen und die Kordel dann verknoten. Auch die Kordelenden verknoten, damit sie nicht ausfransen.

Preis: ★★
Zeitbedarf: ca. 45 Minuten

müssen versetzt auf dem Schal angeordnet werden. Dazu am besten in der Mitte des Schals beginnen. Die Fäden erst abschneiden, wenn alle Blätter festgenäht sind. Dann den Stoff mit ca. 1 cm Nahtzugabe an den Kanten zusammennähen (in diesem Moment müssen die Rosenblätter noch nach außen zeigen), dabei allerdings ca. 10 cm an einer Seite offen lassen. Den Schal wenden, die restlichen Rosenblätter lose in den Schal füllen und die noch offene Nahtstelle von Hand schließen.

Preis: ★★
Zeitbedarf: ca. 1 Stunden 30 Minuten

Edler Rosen-Schal

Material

- *Seidenorganza in Schwarz, 58 cm breit, 150 cm lang*
- *ca. 100 Seiden-Rosenblütenblätter in Rot*
- *Nähgarn in Schwarz und Rot*
- *Nähmaschine*
- *Nadel*

Seidenorganza wird in unterschiedlichen Breiten verkauft. Um die passende Breite zu erhalten, den Stoff am besten an einer Querseite leicht einschneiden und dann der Länge nach reißen. Das Stoffstück längs zusammenlegen und zusammengelegt bügeln. In die Nähmaschine rotes Nähgarn für den Oberfaden einfädeln und schwarzes für den Unterfaden. Dann die Rosenblätter auf einer inneren Längsseite feststeppen, und zwar jeweils nur am oberen Blattrand. Dazu einen Zickzackstich mit geringer Stichlänge wählen. Die Blätter

Tipp

Seiden-Rosenblütenblätter gibt es in verschiedenen Farben. So sieht z. B. auch ein weißer Schal mit blauen Blütenblättern ganz fantastisch aus!

Nicht nur für Männer

Schmutzwäsche und Schuhe sind im Koffer in diesen tollen Beuteln bestimmt gut aufgehoben, und kuschelige Anti-Rutsch-Socken wärmen Männerfüße gerne! Mit diesen Geschenkideen begeistern Sie aber sicher nicht nur Männerherzen, sondern auch die von allen anderen!

Anti-Rutsch-Socken

Material

- *kurze, etwas dickere Socken*
- *Plusterfarbe in Schwarz*
- *Föhn*

Die Socken so hinlegen, dass die Unterseite der Socken plan liegt. Dann Punkte auf die Unterseite der Socken aufmalen, z. B. in die mittlere Reihe sieben Punkte, links und rechts von der mittleren Reihe sechs Punkte und weiter außen jeweils nur noch fünf Punkte. Nach der Trocknungszeit (siehe Herstellerangaben) mit dem Föhn die Punkte aufplustern.

Preis: ★
Zeitbedarf: ca. 20 Minuten (ohne Trockenzeit)

Stoffbeutel für Schuhe und für Schmutzwäsche

Material

- *fester Baumwollstoff mit Streifen, 110 cm x 64 cm (für den Schmutzwäsche-Beutel) bzw. 90 cm x 60 cm (für den Schuhbeutel)*
- *Kordel in Rot, 5 m lang (für beide Beutel)*

- *Stoffmalfarbe in Rot*
- *Nähfaden in passender Farbe*
- *Nähmaschine*
- *Pinsel*
- *ggf. Cutter*

Vorlage Seite 126

Den oberen Beutelrand mit der Maschine säumen und den Beutel zusammennähen. Dann ca. 7 cm bis 9 cm Stoff nach innen umschlagen und im Abstand von 2 cm zweimal abnähen. Durch diesen Tunnel die Kordel ziehen (2,50 m doppelt gelegt auf 1,25 cm Länge). An der Naht ein paar Stiche auftrennen, sodass hier die Kordel nach außen kommen kann. Dann die Kordelenden verknoten, damit sie nicht ausfransen. Mit Stoffmalfarbe den Schriftzug Wäsche oder Schuhe aufmalen, entweder mit dem Pinsel frei Hand oder mithilfe einer Schablone. Dafür den Schriftzug von der Vorlage abkopieren und die Buchstaben mit dem Cutter sauber herausschneiden. Dann die Schablone auf den Stoff auflegen und mit einem Borstenpinsel und Stoffmalfarbe die Buchstaben austupfen. Die Farbe trocknen lassen und durch Bügeln fixieren.

Preis: ★
Zeitbedarf: ca. 1 Stunde
(Angaben gelten für jeweils einen Beutel)

Tipp

Fertigen Sie von den Beuteln am besten gleich mehrere an, z. B. für sich selbst, für Nachbarn, die während Ihres Urlaubs die Blumen gießen …

Last-Minute-Geschenke

Sie wollen gerne etwas Selbstgebasteltes verschenken, aber haben nur ganz, ganz wenig Zeit? Kein Problem, denn diese Blitzgeschenke sind im Handumdrehen gezaubert und kommen garantiert gut an!

Tipp

Kaufen Sie gleich ein paar Schneekugeln auf Vorrat. Dann haben Sie immer eine zur Hand, wenn es darum geht, schnell ein witziges und individuelles Geschenk zu gestalten.

Schneekugel

Material

- *Schneekugel*
- *passendes Bildmotiv (z. B. Poesiealbumsbildchen, Fotos, Ausschnitte aus Illustrierten etc., je nach Anlass)*

In den Schneekugeln befinden sich Vorlagen, die als Größenvorlage für die eigenen Gestaltungsideen dienen. Einfach ein zu dem Anlass oder der Person passendes Bild in passender Größe ausschneiden und in die gekaufte Schneekugel einlegen.

Preis: ★
Zeitbedarf: ca. 20 Minuten

Mini-Windlichter

Material

- *kleine Glaswindlichter in beliebiger Farbe*
- *Streukügelchen aus Glas in Gold oder Silber*
- *Windowcolor-Konturenfarbe in Silber, Gold oder Perlmutt*
- *Teelichter*

Entlang des oberen Randes frei Hand Schnörkel oder Kringel mit Windowcolor-Konturenfarbe auf die Glaswindlichter malen und danach sofort die Streukügelchen (am besten über einer großen Tasse, einer kleinen Schüssel etc.) in die nasse Farbe einstreuen. Den Vorgang so oft wiederholen, bis die Farbe dicht mit den Streukügelchen bedeckt ist. Die Windlichter ca. 1 bis 2 Stunden trocknen lassen.

Preis: ★
Zeitbedarf: ca. 15 Minuten
(für beide Windlichter)

Tipp

Auch die Anti-Rutsch-Socken, der Blumen-Ring oder das pflegende Körperöl sind schnell gezaubert und bieten sich somit wunderbar als selbst gemachte Geschenkideen für die letzte Minute an. Oder Sie kochen gleich ein bisschen mehr von den Marmeladen ein und haben dann für eine spontane Einladung eine süße Köstlichkeit zum Verschenken zur Hand.

Geschenke für Kinder

Auch Kindern kann man mit selbst gemachten Geschenken eine Freude machen – besonders dann, wenn es sich dabei um so niedliche Holzspielsachen handelt. Sind die kleine Ziehkatze und das Schnecken-Puzzle nicht einfach zum Verlieben? Wer weiß, vielleicht sind ja auch „große Kinder" ganz begeistert davon?

Schildkröten-Puzzle

Material

- *Pappel-Sperrholz, 1 cm stark, mindestens 22 cm x 16 cm*
- *Bastelfarbe in Weiß, Maigrün, Mittelgelb, Orange, Scharlachrot und Ultramarinblau*
- *Pauspapier*
- *Laub- oder Dekupiersäge (mit Sägeblättern für Holz)*
- *Schleifpapier, Körnung z. B. 80 und 120*
- *evtl. Feile*
- *dünner Stift in Schwarz (wasserfest)*
- *breiter Borstenpinsel*
- *dünner Pinsel*
- *evtl. Sprühlack zum Schutz der Farbe*

Vorlage Seite 118

Auf das Sperrholz einen Bogen Pauspapier und darüber die Vorlage legen und beide mit Klebefilm auf dem Holz befestigen. Mit einem Bleistift das Motiv mit allen Innenlinien nachziehen und das Motiv mit einer Dekupier- oder Laubsäge aussägen. Dabei zuerst den äußeren Umriss der Schildkröte aussägen und die Außenkanten mit Schleifpapier und evtl. einer Feile säubern. Erst dann den Panzer in die Einzelteile sägen. Diese Teile ebenfalls versäubern und die Schildkröte wie abgebildet bemalen. Die schwarzen Innenlinien mit dem wasserfesten Stift nachziehen. Ggf. die Schildkröte mit dem Sprühlack besprühen.

Preis: ★★
Zeitbedarf: ca. 3 Stunden (ohne Trockenzeit)

Hinweis

Bitte achten Sie darauf, dass die Holzspielsachen von den Kindern nicht in den Mund genommen werden, weil viele Farben und Lacke nicht lebensmittelecht sind. Für Kinder unter drei Jahren sind die Spielsachen deshalb nicht geeignet!

Tipps

Für die Holzarbeiten sollten Sie das Sperrholz nicht zu knapp bemessen. Ein paar Zentimeter mehr machen das Arbeiten leichter.

Um ein Ineinanderlaufen der Farben zu vermeiden, sollte die erste Farbe richtig trocken sein, bevor die nächste aufgetragen wird.

Die schwarzen Innenlinien ziehen Sie mit dem wasserfesten Stift nach.

Ziehkatze

Material

- *Sperrholz, 1 cm stark, mindestens 20 cm x 30 cm*
- *4 Holzräder, ø 6 cm, 1 cm stark, mit einer Bohrung mit ø 4 mm*
- *Rundholzstab, ø 4 mm, ca. 7 cm lang*
- *1 durchbohrte Holzkugel, ø 2 cm*
- *Bastelfarbe in Maigrün, Scharlachrot, Mittelgelb, Weiß, Ultramarinblau und Orange*
- *Pauspapier*
- *Laub- oder Dekupiersäge (mit Sägeblättern für Holz)*
- *Schleifpapier, Körnung z. B. 80 und 120*
- *evtl. Feile*
- *dünner Stift in Schwarz (wasserfest)*
- *breiter Borstenpinsel*
- *dünner Pinsel*
- *evtl. Sprühlack zum Schutz der Farbe*
- *Paketschnur, ø 2,5 mm*
- *1 geschlossene Ringschraube in Messing, 8 mm x 3 mm*
- *Bohrer, ø 4,5 mm*

Vorlage Seite 119

Auf das Sperrholz einen Bogen Pauspapier und darüber die Vorlage legen und beide mit Klebefilm auf dem Holz befestigen. Mit einem Bleistift das Motiv mit allen Innenlinien nachziehen und das Motiv mit einer Dekupier- oder Laubsäge aussägen. Die Katze wie abgebildet bemalen und nach dem Trocknen die Ringschraube eindrehen. Dann die Löcher für die Holzräder bohren und diese mit etwa 3,5 cm langen Rundholzstücken befestigen, dabei die Räder mit etwas Klebstoff an den Rundholzstangen fixieren. Ein Ziehband aus Paketschnur durch die Ringschraube ziehen und deren Ende mit der bemalten Holzkugel verzieren.

Preis: ★★

Zeitbedarf: ca. 3 Stunden 30 Minuten (ohne Trockenzeit)

Noch mehr Ideen ...

War bei den vorgestellten Geschenken noch nichts für Sie dabei? Dann lassen Sie sich von den hier aufgelisteten Ideen inspirieren. Das sind alles Sachen, die ganz einfach und schnell gehen, aber dennoch sehr wirkungsvoll sind und dem Beschenkten sicher viel Freude bereiten!

Mottensäckchen

Füllen Sie einen dünnen Baumwoll- oder Organzabeutel mit getrockneten Kräutern und verknoten Sie diesen mit einem hübschen Band. Als Füllung eignen sich z. B. Lavendel, Majoran, Rosmarin, Minze, Salbei oder Thymian.

Zeitschriftenschuber

Verzieren Sie Zeitschriftenschuber aus Holz mit der Serviettentechnik oder malen Sie auf den Rücken ein Rechteck mit Wandtafelfarbe, auf das der Beschenkte schreiben kann, welche Unterlagen in dem Schuber sind.

Glasvase

Verzieren Sie eine neutrale Glasvase mit Glasmal- oder Windowcolor-Farben.

Tischdecke

Bedrucken Sie eine unifarbene Tischdecke mit Stempeln oder verzieren Sie deren Rand mit Schablonen und Stoffmalfarbe.

Spielsteine für Dame oder Backgammon

Malen Sie selbst gesammelte, kleine Kieselsteine in Silber oder Gold an und lackieren Sie sie.

Fotocollage oder Poster

Kleben Sie Urlaubs-, Kinder- oder Familienfotos hübsch in einen großen Bilderrahmen oder vergrößern Sie ein besonders gelungenes Foto des Beschenkten auf Postergröße.

Blühende Tulpen- oder Hyazinthenzwiebeln

Ziehen Sie schon zu Beginn des Jahres Blumenzwiebeln vor und setzen Sie dann die erblühten Tulpen oder Hyazinthen in einen schönen Blumentopf.

Duftpotpourri

Beträufeln Sie getrocknete Blüten mit dem passenden ätherischen Öl und füllen Sie das fertige Duftpotpourri in eine hübsche Schale.

Kuscheldecke

Kaufen Sie Kaschmir- oder Vliesstoff vom Meter und umsticken Sie die Kanten.

Prunkvoller Kerzenständer

Verzieren Sie einen goldenen oder gläsernen Kerzenständer üppig mit geschliffenen Glasperlen, die Sie auf Gold- oder Silberdraht aufziehen.

Ewige Rosen

Schmelzen Sie Paraffin im kochenden Wasserbad, lassen Sie es etwas abkühlen und warten Sie, bis sich ein dünner Film gebildet hat. Tauchen Sie frisch aufgeblühte Rosen kurz in das Paraffin ein, sodass diese gleichmäßig damit überzogen sind. Halten Sie die Rosen ca. 30 Sekunden am Stiel und lassen Sie sie abtropfen. Dann lassen Sie die Rosen auf einem Gitter trocknen.

Überraschungsparty

Ein ganz besonderes Geschenk ist es, wenn Sie mit Freunden eine Überraschungsparty organisieren. Natürlich darf der Betreffende nichts davon mitbekommen. Achten Sie auf jeden Fall darauf, dass derjenige sich an diesem Tag auch nichts anderes vornimmt, denn dann wäre alles völlig vergebens gewesen. Ganz wichtig ist, dass Sie sich vorher gut überlegen, wie Sie den zu Überraschenden unverfänglich an den Ort bestellen, wo schon alle auf ihn warten. Bedenken Sie auch, dass Überraschungspartys nicht jedermanns Sache sind!

dir ein
Sonne

für deinen Badeurlaub

Geldgeschenke und Gutscheine

Geldgeschenke und Gutscheine sind längst keine Verlegenheitsgeschenke mehr, sondern oftmals die einzige Möglichkeit, wie Sie dem Beschenkten richtig Freude machen können, weil Sie zum Beispiel seine Wünsche gar nicht so genau kennen. Wirkungsvoll in Szene gesetzt, handelt es sich hierbei um eine Geschenkidee, die bei Groß und Klein beliebt ist!

Gutscheine für alle Lebenslagen

Ihre Freundin würde sich gerne von Kopf bis Fuß verwöhnen lassen und Ihr Partner wünscht sich schon seit längerem einen gemütlichen Abend nur mit Ihnen? Dann überraschen Sie sie mit einem Gutschein für ein Wellness-Wochenende und ihn mit einem für ein romantisches Candlelight-Dinner. Gutscheine sind das ideale Geschenk für alle Lebenslagen!

Gutscheine aus dem Fachgeschäft

Haben Sie eine ungefähre Vorstellung davon, was Sie verschenken möchten, wissen aber nicht genau, was demjenigen fehlt oder sind sich bei seinem Geschmack nicht hundertprozentig sicher? Für diese Situation eignen sich Geschenkgutscheine von Fachgeschäften ganz hervorragend! Viele Geschäfte haben Vordrucke, die sie Ihnen gerne anbieten. Der Beschenkte kann sich dann vor Ort etwas Passendes aussuchen.

Allerdings hat diese Art von Gutschein auch seine Nachteile. Wenn derjenige in diesem Geschäft nämlich nichts Geeignetes findet, muss er sich vielleicht etwas aussuchen, das er eigentlich gar nicht haben will. Schwierig wird es außerdem, wenn das ausgesuchte Geschenk nicht genauso viel kostet, wie der Gutschein wert ist. Viele Läden zahlen nämlich nicht gerne Geld zurück, und nicht jeder Beschenkte hat Lust, ggf. aus seiner eigenen Tasche den Differenzbetrag draufzulegen.

Vorfreude schenken

Neben den gekauften Gutscheinen können Sie natürlich auch selbst gestaltete Gutscheine verschenken. Egal, ob Sie sich fürs Bügeln, Babysitting oder als Umzugshelfer anbieten – damit können Sie eigentlich nichts falsch machen, weil Sie auf die individuellen Bedürfnisse des zu Beschenkenden eingehen. Ideal geeignet sind Gutscheine natürlich auch als Last-Minute-Geschenk, weil Sie dafür meistens nur ein bisschen Material und etwas Fantasie benötigen. Die Vorfreude bei dem Beschenkten ist dafür aber umso größer. Lassen Sie sich von den hier gezeigten Gutschein-Ideen inspirieren!

Tipps

Eine solches Arrangement bietet sich insbesondere dann an, wenn Sie einen gekauften Gutschein nicht einfach im Umschlag überreichen möchten. Alternativ wäre z. B. auch ein Brunchgutschein denkbar, der zusammen mit Marmelade und einem Piccolo-Sekt überreicht wird, oder ein Musicalgutschein mit der passenden CD und einem Opernglas. Hier ist Ihr Einfallsreichtum gefragt!

Die Eisstiele können Sie auch in einem Bastelfachgeschäft kaufen. Sie müssen also nicht bergeweise Eis verdrücken, wenn Sie nicht wollen.

Gutschein für ein Wellness-Wochenende

Material

- *kleiner Korb*
- *diverse Schönheitspflegeprodukte in Miniaturformat*
- *Blumen*
- *Heu als Füllmaterial*

Den Korb mit Heu auspolstern. Dann den Gutschein für das Wellness-Wochenende zusammen mit den Schönheitspflegeprodukten und den Blumen dekorativ im Korb arrangieren.

Gutschein für Hilfe im Garten

Material

- *Tonkarton in Dunkelbraun, Sonnengelb, Rot und Dunkelblau*
- *geprägter Tonkarton in Hellgrün*
- *Schreibmaschinenpapier*
- *Gelstift in Rot und Schwarz*
- *18 Eisstiele aus Holz*
- *Miniatur-Gartengeräte*
- *ggf. Stift in Schwarz*
- *Konturenschere*

Vorlage Seite 120

Die Teile aus Tonkarton laut Vorlage ausschneiden. Die Eisstiele auf 7 cm kürzen und nebeneinander auf den Tonkarton als Gartentürchen kleben. Die Blüten zusammensetzen und die Sonne und die Gießkanne wie abgebildet bemalen. Alle Teile auf die Karte kleben, auch die Miniatur-Gartengeräte. Auf Schreibmaschinenpapier „ich helfe dir im Garten" schreiben (evtl. mit dem Computer), den Schriftzug mit der Konturenschere ausschneiden und auf dem Tonkarton befestigen.

Gutschein für eine Essenseinladung

Material

- *Naturpapier in Braun, 28 cm x 19 cm*
- *Tonkarton in Hellbraun, 10 cm x 15 cm*
- *Tonkarton in Weiß-Gelb kariert, 7,5 cm x 10 cm*
- *Schreibmaschinenpapier*
- *Miniatur-Besteck und -Teller aus Holz*
- *kleine Nudeln (Suppeneinlage)*
- *ggf. Stift in Schwarz*

Das Naturpapier zur Karte falten und die anderen Papiere wie abgebildet darauf aufkleben. Den Miniatur-Holzteller, die Nudeln und das Miniatur-Besteck auf die Karte kleben. Auf Schreibmaschinenpapier „ich lade dich zum Essen ein“ schreiben (evtl. mit dem Computer), den Schriftzug ausschneiden und auf die Karten-Vorderseite kleben.

Gutschein fürs Solarium

Material

- *Doppelkarte in Hellgrün, 8 cm x 21 cm*
- *Fotokarton in Dunkelgrün, Sonnengelb und Braun*
- *Tonkarton in Weiß-Gelb kariert, 18 cm x 21 cm*
- *Schreibmaschinenpapier*
- *Kordel in Gelb, ø 2 mm*
- *ggf. Stift in Schwarz*

- *Ecklocher*
- *Konturenschere*

Vorlage Seite 125

Den karierten Tonkarton so in der Mitte falzen, dass eine Doppelkarte entsteht. Die hellgrüne Doppelkarte an den Ecken mit dem Ecklocher abrunden. Die karierte Doppelkarte mit der Kordel in die hellgrüne Doppelkarte einbinden. Die Sonnenblume nach Vorlage ausschneiden und auf die Kartenvorderseite kleben. Auf das Schreibmaschinenpapier „ich wünsche dir ein Leben voller Sonne“ und „Gutschein fürs Solarium“ schreiben (evtl. mit dem Computer), die Sprüche mit der Konturenschere ausschneiden und auf etwas größere, ebenfalls mit der Konturenschere ausgeschnittene Fotokartonstücke kleben. Den kleinen Spruch auf die lose herabhängende Kordel kleben, den großen auf das Kartendeckblatt.

Gutschein für ein Bild

Material

- *Mini-Staffelei aus Metall*
- *kleines Bilderrahmchen aus Metall*
- *Papier in beliebiger Farbe*

Auf dem Computer einen Gutschein-Text verfassen, ggf. mit einem Symbol versehen (hier mit einem Fragezeichen), passend zuschneiden und in den kleinen Bilderrahmen einfügen. Das so gestaltete „Bild“ auf die Staffelei stellen.

Geldgeschenke für kleine und große Wünsche

Geldgeschenke werden immer beliebter, denn damit kann sich der Beschenkte kleine und große Wünsche erfüllen, die Sie vielleicht gar nicht kennen. Trotzdem sollten Sie den Geldschein nicht einfach in einen Umschlag stecken, sondern ihn durch eine liebevolle Inszenierung in ein „richtiges" Geschenk verwandeln!

Goldrichtige Geldgeschenke

Wenn Sie genau wissen, dass der zu Beschenkende schon lange auf einen Herzenswunsch spart, dann liegen Sie mit einem Geldgeschenk bestimmt goldrichtig, sei es, ob es sich dabei um eine Traumreise oder eine neue Stereoanlage handelt. In solchen Fällen ist nämlich niemandem damit gedient, wenn Sie etwas kaufen, was im Schrank in der hintersten Ecke landet und nie mehr angeschaut wird. Schließlich wollen Sie Ihr Geld nicht nutzlos verplempern! Wenn hier also viele zusammenlegen, dann werden die Wünsche des Beschenkten sicher schneller wahr, als er zu träumen gewagt hätte.

Schenken mit Ziel

Natürlich können Sie sich auch überlegen, ob es nicht sinnvoll ist, ein Sparbuch oder einen Sparvertrag für den zu Beschenkenden anzulegen. Das ist gerade für Kinder sehr beliebt und macht vor allen Dingen dann Sinn, wenn Sie sowieso vorhaben, in den nächsten Jahren regelmäßig einen bestimmten Geldbetrag zu verschenken. Auf diese Art und Weise kam schon mancher Jugendliche zu seinem Führerschein oder dem ersten Mofa. Zinsen, auch wenn diese nicht sehr hoch sind, gibt's dafür außerdem noch!

Geldkarte „Herzlichen Glückwunsch"

Material

- *Doppelkarte in Blau, 13 cm x 13 cm (zusammengefaltet)*
- *bedruckter Tonkarton mit Blümchen in Blau*
- *Pergamentpapier in Blau*
- *Schreibmaschinenpapier*
- *Silberdraht*
- *Geldschein*
- *ggf. Stift in Schwarz*
- *Konturenschere*

Vorlage Seite 121

Das Herz und das Kuvert anhand der Vorlage ausschneiden. Das Kuvert zusammenfalten und zusammenkleben. Den Geldschein falten, in das Kuvert stecken und das Kuvert und das Herz auf das Deckblatt der Karte kleben. Ein ca. 25 cm langes Stück Silberdraht um einen Kugelschreiber wickeln und daran den Schriftzug „Herzlichen Glückwunsch" (evtl. mit dem Computer geschrieben) befestigen, der mit der Konturenschere ausgeschnitten wurde. Zum Schluss den Draht hinter das Herz stecken und evtl. noch festkleben.

Tipps

Je nach Geldbetrag, den Sie verschenken möchten, können Sie natürlich die Farbe der Karte und der Blüte beliebig variieren.

Geldscheine kleben Sie am besten vorsichtig mit Klebefilm oder doppelseitigem Klebeband fest, um sie gut wieder ablösen zu können, niemals mit Klebstoff!

Geldkarte mit Blume

Material

- *Naturpapier in Flieder*
- *Pergamentpapier in Lila, 28 cm x 19 cm*
- *Tonpapier in Flieder, 30 cm x 19 cm*
- *dünner Silberdraht*
- *2 Metallblüten*
- *Geldschein*
- *Konturenschere*
- *Ecklocher*

Vorlage Seite 124

Das Pergament- und das Tonpapier in der Mitte falten. Aus dem Naturpapier eine Blume ausschneiden und die Mitte mit dem Geldschein hinterkleben. Die Ecken des Deckblatts mit dem Ecklocher verzieren und das Tonpapier seitlich mit der Konturenschere. Die Blume, das Tonpapier-Einlegeblatt und das Pergamentpapier mit Silberdraht aneinander befestigen, den Silberdraht mithilfe eines Kugelschreibers zu Spiralen drehen und die Metallblumen an den Drahtenden befestigen.

Für den Badeurlaub

Material

- *Waschlappen in Weiß*
- *2 Delfinseifen (ggf. auch Muscheln, Seepferdchen o. Ä.)*
- *Geschenkfolie*
- *Muscheln*
- *Kordel in Türkis*
- *Kräuselband in Weiß*
- *Schreibmaschinenpapier*
- *Tonkarton in Hellblau*
- *ggf. Stift in Schwarz*
- *Geldschein*
- *Konturenschere*
- *doppelseitiges Klebeband*

Den Waschlappen über ein Stück Tonkarton legen und die Seifen und Muscheln darauf arrangieren. Das Ganze in Geschenkfolie einwickeln und diese mit doppelseitigem Klebeband verschließen. Die Seiten mit der Kordel und dem Kräuselband abbinden. Auf einen Streifen Schreibmaschinenpapier „für deinen Badeurlaub" schreiben (evtl. mit dem Computer), den Spruch auf Tonkarton kleben und diesen mit der Konturenschere ausschneiden. Den Geldschein zu einem Fächer falten und seitlich befestigen.

Kleine Geburtstagstorte

Material

- *Pappschachteln, ø 9 cm und ø 12 cm*
- *Bastelfarbe in Weiß*
- *3 Mini-Geburtstagskerzen in Weiß mit passenden Kerzenhaltern*
- *Satinband in Weiß, 3 mm breit*
- *Diorrosen in Lachs, ø 1,4 cm*
- *Tortenspitze, ø 17 cm*
- *Organzaband in Weiß, 4 cm breit*
- *Schreibmaschinenpapier*
- *3 Geldscheine*
- *Pinsel*
- *ggf. Stift in Schwarz*
- *doppelseitiges Klebeband*
- *Konturenschere*

Die Pappschachteln bemalen und nach dem Trocknen die kleine Schachtel auf die große und dann beide zusammen auf die Tortenspitze kleben. Die Geldscheine in Ziehharmonikafalten legen, in der Mitte falten und mit doppelseitigem Klebeband zu Fächern zusammenkleben. Diese Fächer mit Klebeband auf die obere Schachtel kleben. Kleine Löcher in die Schachteloberseite zwischen die Scheine stechen, die Kerzenhalter mit den Kerzen hineinstecken und mit etwas Klebstoff fixieren. Organzaband um beide Schachteln wickeln und vorne jeweils zu einer Schleife binden. Die Diorrosen in gleichmäßigem Abstand auf die untere Schachtel kleben, Satinbandschleifen um die Kerzen binden und diese ebenfalls mit Diorrosen verzieren. Auf das Schreibmaschinenpapier „Happy Birthday" schreiben (evtl. mit dem Computer), mit der Konturenschere ausschneiden und aufkleben.

Für Strandliebhaber

Material für den Sonnenschirm

- *Strohhalm mit Gelenk*
- *5 10-Euro-Scheine*
- *3 20-Euro-Scheine*

Vorlage Seite 122 / 123

Material für den Liegestuhl

- *6 10-Euro-Scheine*
- *2 20-Euro-Scheine*
- *Fotokleber*
- *Küchen- oder Toilettenpapier*
- *Blumendraht, ø 1 mm*

Vorlage Seite 123

Für den Tisch mit Buch

- *3 10-Euro-Scheine*
- *1 20-Euro-Schein*
- *Schreibmaschinenpapier*
- *Zirkel*
- *Fotokleber*
- *Blumendraht, ø 1 mm*

Vorlage Seite 123

Sonnenschirm

Die sechs Dreiecke für den Sonnenschirm laut Vorlage falten.
Die einzelnen Schirmteile von innen mit Klebefilm aneinander befestigen.
Den Strohhalm oben und unten entsprechend der Vorlage kürzen. Den Halm oben und unten jeweils mit einem Geldschein umwickeln und dann im inneren Mittelpunkt des Schirms mit Klebefilm fixieren.

Liegestuhl

Vier Scheine der Länge nach aufrollen. In der Mitte ein Stück Draht befestigen, damit sich das Geld später besser biegen lässt. Von den vier Rollen jeweils zwei zu einem Rechteck zusammensetzen, dabei an der Vorlage orientieren. Die beiden Rechtecke müssen unterschiedlich groß sein, damit man sie ineinander stecken kann. Das Gestänge an den sich kreuzenden Stellen mit einem halbierten Streifen Klebeband umwickeln.
Für die Liegefläche drei Geldscheine in 1 cm breite Streifen falten und auf der Rückseite mit Klebefilm zusammensetzen. Die gesamte Liegefläche erst um den oberen Bügel und dann, etwas eingeschlagen zur Sitzfläche, um den unteren Bügel knicken. Die Liegefläche auf der Rückseite sowohl mit Fotoklebern wie auch mit Klebefilm fixieren.

Für das Kissen ein 4,4 cm x 8 cm großes Rechteck falten, dieses in der Mitte knicken und beide Seiten mit Klebefilm verschließen. Küchen- oder Toilettenpapier in die so entstandene Tasche stopfen, bis das Kissen prall gefüllt ist, und die Öffnung mit Klebefilm verschließen.

Tisch mit Buch

Für den Tisch einen Schein nehmen und an der farbigsten Stelle einen Kreis mit ø 6 cm einzeichnen. Den Schein in kleinen Abständen bis zur Markierung nach hinten falten, bis der Kreis entsteht. Die Rückseite mit Klebefilm fixieren.
Für die Tischbeine zwei Scheine, mit Draht in der Mitte, der Länge nach aufrollen. Immer die gesamte aufgerollte Längsseite mit Klebefilm fixieren, weil sich die Rolle beim Formen sonst auflöst. Die Beine nach Vorlage biegen und mit Klebefilm an der Unterseite des Tisches befestigen.

Für das Buch von einem Schein beide Längskanten zur Mitte falten, sodass ein Drittel des Scheins verbleibt. Diesen Streifen nach Vorlage zu einem Buch falten, dabei zwischen die einzelnen Seiten jeweils einen Fotokleber setzen. Einen kleines Stück weißes Papier als Etikett anbringen und nach Wunsch beschriften.

Tipp

Da die Größen der Geldscheine variieren, in den Modellen aber genau aufeinander abgestimmt sind, können Sie bei diesen Modellen nicht einfach die Geldscheine gegeneinander austauschen. Sollte Ihnen der Vorschlag so zu teuer sein, dann ersetzen Sie die entsprechenden Geldscheine einfach durch Schreibmaschinen- oder Briefpapier, das Sie in der entsprechenden Größe zuschneiden.

Geschenkideen für Anlässe

Ob Taufe, Hochzeit, Einstand oder Umzug – die Anlässe, zu denen Sie etwas Nützliches oder einfach nur Schönes verschenken möchten, sind sicher zahlreich. Und genauso häufig stehen Sie sicher auch vor der Frage, womit Sie dem Beschenkten eine Freude bereiten könnten. Denn schließlich wollen Sie das Brautpaar nicht mit dem fünften Kaffeeservice „beglücken“, oder? Lassen Sie sich deshalb von den hier vorgestellten Ideen inspirieren und überraschen Sie Ihre Freunde, Verwandten und Kollegen mit passenden Geschenken für jeden Anlass!

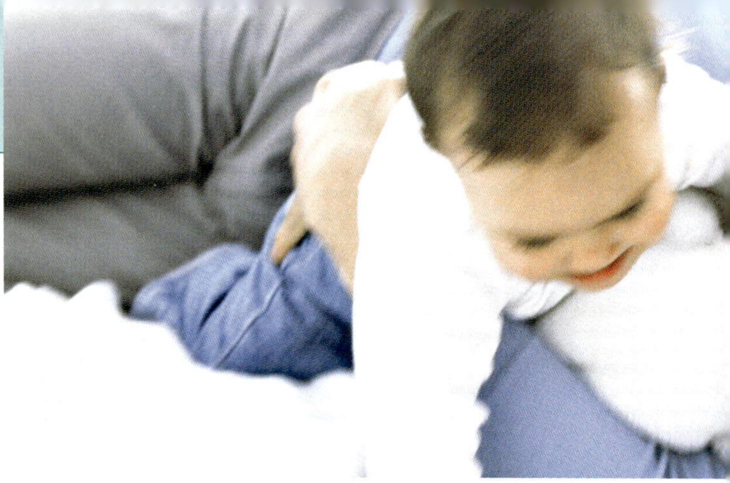

Geburt

Die Begeisterung ist groß, wenn ein kleines Kind geboren wird. Heißen Sie den neuen Erdenbürger durch ein liebevoll ausgewähltes Geschenk willkommen!

Worüber freuen sich die Eltern?

Das Baby ist natürlich noch viel zu klein, um sich so richtig über sein Geschenk zu freuen. Umso glücklicher machen Sie aber die Eltern des Neugeborenen mit einem praktischen und liebevoll ausgewählten Geschenk. Erkundigen Sie sich am besten, was für die Erstausstattung noch fehlt, und leisten Sie dazu einen Beitrag, sei es in Form eines Kinder-Autositzes, eines Strampelanzugs oder auch durch eine nette Grußkarte, in der sich etwas Geld versteckt. Sollte das Paar Interesse an Astrologie haben, können Sie auch ein Geburtshoroskop erstellen lassen. Adressen finden Sie in den Tageszeitungen. Ganz besonders freuen sich junge Eltern aber sicher über ein Gutscheinheft, in dem Sie sich bereit erklären, das Baby im Kinderwagen spazieren zu fahren, als Babysitter zu fungieren oder die Wohnung mal wieder richtig auf Vordermann zu bringen, weil die Eltern dazu in der ersten Zeit bestimmt nicht kommen!

Gutscheinheft

Material

- *Karton in Silber*
- *Servietten mit Kindermotiven*
- *Serviettenkleber*
- *Pinsel*
- *Papier in Weiß und Blau*
- *dünner Silberdraht*
- *schmales Satinband in Blau*
- *Glasperle mit Tiermotiv*
- *ggf. Stifte in verschiedenen Farben*

Das Format dieses Gutscheinhefts beträgt außen 16 cm x 16 cm und innen 16 cm x 15 cm. Aus dem silbernen Karton ein Cover im Stil einer Klappkarte zuschneiden und darauf die Serviettenmotive aufbringen. Dafür aus der oberen, bedruckten Lage der Serviette das Serviettenmotiv ausschneiden oder -reißen und mit Serviettenkleber auf weißem Papier aufbringen. Dieses dann so auf das Cover kleben, dass noch etwas von dem silberfarbenen Karton zu sehen ist. Die Innenseiten des Gutscheinhefts werden auf die gleiche Art und Weise gestaltet. Die Schriftzüge für die Gutscheintexte werden dabei wahlweise auf weißes oder blaues Papier geschrieben, ausgeschnitten oder ausgerissen und aufgeklebt. So viele Innenseiten gestalten, wie man Gutscheine verschenken möchte. Die Innenseiten mit Satinband und Silberdraht in der Karte befestigen und das Silberdrahtende zum Schluss mit der Glasperle verzieren.

Preis: ★
Zeitbedarf: ca. 1 Stunde 30 Minuten

Hinweis

Weitere Geschenkanregungen finden Sie auch im Kapitel „Geschenke für Kinder" auf den Seiten 88/89 in diesem Buch.

Taufe

Zur Taufe sind es vor allem die Paten, die sich den Kopf über ein schönes Geschenk zerbrechen – aber auch die Geschenke der anderen Gäste sind sicher gerne gesehen!

Bleibende Werte

Zu diesem Ereignis werden gerne Geschenke von Wert und Dauer oder mit religiöser Symbolik überreicht. Vor allen Dingen Taufpaten verschenken gerne Wertvolles. Hier bieten sich z. B. folgende Dinge als Taufgeschenk an:

- *Taufring*
- *Taufkerze*
- *Sparbuch*
- *Kinderbesteck*
- *Schmuckstücke für Kinder*

Besonders hübsch ist es, wenn Sie für das Schmuckstück selbst ein Döschen gestalten, das gleichzeitig ein zusätzliches kleines Geschenk ist und als Geschenkverpackung dient.

Filzdöschen

Material

- *Filz in Hellgrün, Hellblau und Rosa*
- *runde Dose aus Pappmaché, ø 7,5 cm, 4 cm hoch*
- *Küken-Holzstreuteil in Gelb, 3,5 cm lang*
- *Holzleim*
- *Zackenschere*

Aus dem Filz folgende Teile zuschneiden: für den Deckelrand einen 24,5 cm x 2 cm großen Streifen in Rosa und für die Grundfläche des Deckels einen Kreis in Rosa mit ø 6,7 cm, einen Kreis in Grün mit ø 5 cm, einen 22,7 cm x 0,3 cm großen Zierstreifen in Hellblau und einen Kreis in Blau mit ø 4 cm, der mit der Zackenschere ausgeschnitten wird. Für den Dosenrand wird ein 23,5 cm x 2,5 cm breiter Streifen in Grün benötigt. Die unteren zwei Drittel des Dosenunterteils gleichmäßig und nicht zu dick mit Holzleim einstreichen, den grünen Filzstreifen auflegen und vorsichtig festdrücken. Ggf. überstehende Ränder mit einer Schere wegschneiden. Für den Dosendeckel zuerst den rosafarbenen Streifen auf den Rand kleben. Dieser sollte etwas auf die obere Fläche des Deckels ragen. Darüber werden die rosa Grundfläche, der grüne Kreis und der hellblaue Kreis geklebt. Zum Schluss den hellblauen Zierstreifen gemäß der Abbildung über die Ansatzstelle von Randstreifen und Grundfläche kleben und das Küken auf der Dose fixieren.

Preis: ★
Zeitbedarf: ca. 45 Minuten

Kommunion und Konfirmation

Die Kommunion bzw. Konfirmation ist für viele Kinder und Jugendliche ein wichtiges Ereignis. Ein Geschenk mit bleibendem Wert bietet sich für diesen Anlass optimal an.

Teure Herzenswünsche

Da katholische Kinder in der Regel im Alter von neun Jahren zur Kommunion gehen und evangelische erst mit 14 Jahren zur Konfirmation, klaffen hier die Geschenkwünsche etwas auseinander. Normalerweise schenkt man aber zu diesen Anlässen gerne Gegenstände von bleibendem Wert oder Geld, mit dem sich die Kinder oder Jugendlichen einen lang ersehnten Herzenswunsch erfüllen können. Typische Kommunions- und Konfirmationsgeschenke sind z. B.:

- *Rosenkranz (bei katholischen Kindern)*
- *Bibel*
- *Schmuck, besonders Kette mit einem Kreuz*
- *edler Füller*
- *Uhr*
- *Fotoapparat*
- *Geld für Fahrrad, Computer, Mofa, Unterhaltungselektronik usw.*
- *Mitgliedsbeitrag für einen Verein*
- *Sportgerät*

Geldgeschenk-Hängekarten

Material

- *3 quadratische Umschläge in Weiß*
- *Karton in Weiß*
- *12 Vorhangringe mit Clips*
- *Geldscheine*
- *2 Bilder (auch Postkarten, Fotos etc.)*
- *Biegezange*
- *Cutter mit Schneideunterlage*
- *ggf. Stift in Schwarz*

Aus den Briefumschlägen Quadrate mit dem Cutter ausschneiden. Den weißen Karton in Kartengröße zuschneiden, mit Klebefilm die Geldscheine darauf befestigen und diese Geldkarte in den mittleren Umschlag stecken. In die anderen beiden Umschläge kommen die Bilder, die in passender Größe zurechtgeschnitten wurden. Die Umschläge beschriften, die Vorhangringe etwas aufbiegen und die Karten wie abgebildet untereinander hängen.

Preis: ★
Zeitbedarf: ca. 45 Minuten

Hochzeit

Wie schön, ein Paar aus Ihrem Freundeskreis traut sich! Natürlich möchten Sie Ihnen zur Hochzeit etwas schenken, über das sie sich wirklich freuen und das sie noch lange an diesen Freudentag erinnert.

Wünsche für den gemeinsamen Lebensweg

Viele Paare wünschen sich zur Hochzeit Nützliches für den Haushalt. Erkundigen Sie sich daher rechtzeitig, ob es einen Geschenktisch oder eine Geschenkliste gibt. Auch Geld, z. B. für die Hochzeitsreise, ist sicher ein gern gesehenes Geschenk. Ganz besonders freut sich das Brautpaar aber über individuelle, ganz alleine auf sie zugeschnittene Geschenkideen. Gestalten Sie doch zusammen mit Freunden eine Hochzeitszeitung und lassen Sie sich dabei von anderen Hochzeitszeitungen oder Tipps in Büchern inspirieren. Oder üben Sie einen Sketch ein, den Sie während der Feier zur bleibenden Erinnerung auf Video aufzeichnen. Auch eine selbst gestaltete Hochzeitskarte zeigt dem Brautpaar, dass es Ihnen am Herzen liegt.

Hochzeitskarte

Material

- *geprägter Karton in Creme, 20 cm x 20 cm*
- *Muschelpapier in Pink, 7,5 cm x 14 cm*
- *Tonkarton in Pink*
- *etwas dickerer Basteldraht in Silber*
- *dünner Silberdraht*
- *2 Glasschliffperlen in Pink, ø 4 mm*
- *Strassstein in Rosenquarz, ø 7 mm*
- *Gelstift in Silber*
- *kleine Rundzange*
- *Stecknadel*

Geprägten Karton zu einer länglichen Karte falten und das Muschelpapier aufkleben. Basteldraht gemäß der Abbildung zu einem Herz biegen, auf die unteren Enden jeweils eine Perle aufstecken, dabei noch etwas Draht überstehen lassen. Die überstehenden Drahtenden mit der Rundzange zu Ösen biegen, damit die Perlen nicht vom Draht rutschen können. Das Drahtherz auf die Karte legen. Die Karte an vier Stellen mit der Stecknadel durchbohren, Silberdraht durch die Löcher ziehen und das Herz damit auf der Karte befestigen. Die Drahtenden auf der Kartenrückseite miteinander verdrehen. Dann den Strassstein in den Herzknick kleben. Den pinkfarbenen Tonkarton mit dem Gelstift beschriften und aufkleben.

Preis: ★
Zeitbedarf: ca. 20 Minuten

Einstand

Endlich haben Sie einen neuen Kollegen oder eine neue Kollegin bekommen, der oder die Sie bei Ihrer Arbeit entlastet. Heißen Sie die bzw. den „Neuen" mit einem netten Einstandsgeschenk in Ihrer Mitte willkommen!

Blumen zur Begrüßung

Am ersten Arbeitstag ist ein hübscher Blumenstrauß angebracht, der dem neuen Kollegen zeigt, dass sich alle auf ihn freuen. Nach einer angemessenen Zeit, z. B. nach der Probezeit, wird Ihr neuer Kollege dann wahrscheinlich seinen Einstand feiern. Sie als „alte" Kollegen sollten dann ein kleines Einstandsgeschenk mitbringen. Das fällt Ihnen bestimmt nicht schwer, weil Sie Ihren Kollegen inzwischen sicher etwas näher kennen gelernt haben. Schön ist es, wenn das Geschenk Bezug zum Arbeitsumfeld hat. Hier bieten sich z. B. folgende Dinge an:

- Kaffeetasse mit originellem Schriftzug
- witziges Mousepad
- Foto von dem neuen Kollegen in seiner neuen Firma, als Poster vergrößert
- Topfpflanze
- Einladung in eine Kneipe

Witzig ist aber sicher auch ein „Erste-Hilfe-Koffer", mit dem Ihr neuer Kollege für alle möglichen (und unmöglichen) Bürosituationen gewappnet ist.

Erste Hilfe fürs Büro

Material

- *Mappe oder Koffer mit Verschluss*
- *gestreifter Bastelkarton*
- *Schreibmaschinenpapier*
- *Sprühkleber*
- *Cutter mit Schneideunterlage*
- *Lineal*
- *ggf. Stift in passender Farbe*

Das Format des gestreiften Kreuzes der Größe der Mappe anpassen (deshalb ist hier keine Vorlage vorhanden), das Kreuz aufzeichnen, mit dem Cutter ausschneiden und mit Sprühkleber auf der Mappe fixieren. Falls nötig, einen zweiten Teil des gestreiften Kreuzes auf der Mappenlasche anbringen. Auf das Schreibmaschinenpapier „Erste Hilfe gegen Bürostress" schreiben (ggf. mit dem Computer), den Schriftzug kreuzförmig mit dem Cutter ausschneiden und auf das gestreifte Kreuz aufkleben. Die Mappe mit einer „Notfallausrüstung" wie Kopfschmerztabletten, Schokolade, Entspannungs-CDs, Traubenzucker, Bonbons etc. füllen.

Preis: ★
Zeitbedarf: ca. 1 Stunde

Abschied

Eine liebe Kollegin oder ein geschätzter Kollege verlassen das Unternehmen? Schade. Wünschen Sie mit einem liebevoll gestalteten Abschiedsgeschenk viel Glück für die Zukunft!

Mit den besten Wünschen

Jeder, der eine Firma verlässt, tut das sicher mit einem lachenden und einem weinenden Auge, sei es, weil er die Firma wechselt, sich Nachwuchs angesagt hat oder der wohl verdiente Ruhestand eintritt.

Beratschlagen Sie zusammen mit Ihren Kollegen, womit Sie wirklich eine Freude bereiten könnten, damit der Abschied nicht ganz so schwer fällt, und beginnen Sie rechtzeitig damit, Geld zu sammeln. Bestimmt fällt es Ihnen nicht schwer, eine passende Geschenkidee zu finden, weil Sie Ihren Kollegen in der gemeinsamen Zeit sehr gut kennen gelernt haben. Schön sind Geschenke, die an die gemeinsame Zeit erinnern oder Freude auf die neue Aufgaben machen.

Wer in den Ruhestand geht, hat endlich Zeit, sich seinen Hobbys zu widmen. Werdende Mütter lassen sich bestimmt gerne noch mal so richtig verwöhnen und freuen sich z. B. über einen Gutschein für die Kosmetikerin. Und wer die Firma wechselt, freut sich sicher über eine persönliche Erinnerung an seine „alten“ Kollegen. Gestalten Sie deshalb z. B. ein Album, in dem gemeinsame Erinnerungen und die besten Wünsche für die Zukunft festgehalten werden.

Erinnerungsalbum

Material

- *Fotoalbum oder Ringbuch*
- *Fotos von den Kollegen*
- *verschiedene Deko-Materialien (je nachdem, wie die Seite gestaltet wird)*

Für die Gestaltung eines Erinnerungsalbums kann es keine allgemein gültige Anleitung geben. So bietet es sich sicher an, Fotos von den Kollegen mit einzukleben und alle unterschreiben zu lassen. Witzig ist es, wenn z. B. jeder Kollege eine eigene Seite in dem Erinnerungsalbum gestaltet.

Umzug

Ein neuer Job, eine neue Liebe oder einfach Lust auf Tapetenwechsel – Umzugsgründe gibt es haufenweise. Gemeinsam ist aber jedem Umzug, dass man hinterher immer ein paar Kleinigkeiten braucht, auch dann, wenn man glaubt, alles zu haben.

Für das neue Zuhause

Waren Sie Umzugshelfer, dann wissen Sie sicher ganz genau, was noch gebraucht wird, und haben deshalb kein Problem, ein passendes Geschenk zur Einweihungsfete mitzubringen. Für alle anderen bietet sich vielleicht eine der hier vorgestellten Geschenkideen als Mitbringsel an:

- Pflanzen
- Liege- oder Klappstuhl für den Garten oder den Balkon
- Geschenkkorb mit Glühbirnen, Isolierband, Nägeln, Dübeln, Schrauben, Schnur, Schere, Metermaß, Verlängerungskabel, Pflastern, Wasserwaage und anderen Artikeln aus dem Baumarkt
- Namensschild
- Sonnenschirm
- Fußabstreifer
- witziger Klodeckel
- Magnettafel
- Schlüsselhaken

Herzlicher Gruß

Material

- *Kiefernholz, Stärke ca. 1 cm – 1,5 cm, 30 cm x 35 cm*
- *Acrylfarbe in Rot, Weiß und Blau*
- *Geschenkband in Blau mit Tupfen in Weiß, 2,5 cm breit, 2 m lang*
- *Öse zum Einschrauben*
- *evtl. Klarlack*
- *Pinsel*
- *Säge*
- *Schmirgelpapier*
- *Pauspapier*

Vorlage Seite 124/125

Das Herzmotiv mithilfe der Vorlage auf Holz aufmalen, aussägen und die Kanten mit Schmirgelpapier glatt feilen. Das Herz rot bemalen und die Farbe gut trocknen lassen. Die Schrift mithilfe des Pauspapiers vormalen und die Buchstaben mit weißer Farbe nachziehen. Dann blaue Schatten um die Buchstaben malen, damit diese plastischer wirken. Nach dem Trocknen das Herz evtl. mit Klarlack überziehen. Die Öse im Herzknick eindrehen. Daran als Aufhängung das Band befestigen.

Preis: ★★
Zeitbedarf: ca. 3 Stunden

Tipp

Wenn Sie wollen, können Sie auch einfach ein fertig gekauftes Holzherz entsprechend bemalen.

Krankenbesuch

Wer selbst schon einmal krank war, der weiß, wie langweilig es nach einer Weile im Bett wird. Überraschen Sie den Kranken deshalb mit einem Besuch und bringen Sie ein nettes Geschenk zur Ablenkung und Aufmunterung mit!

Bunte Blumengrüße

Mit einem bunten Blumenstrauß liegen Sie bei einem Krankenbesuch bestimmt nicht falsch, denn damit bringen Sie Farbe und Fröhlichkeit ins Leben. Liegt die betreffende Person allerdings im Krankenhaus, dann sollten Sie bei dem Strauß darauf achten, dass dieser nicht zu stark duftet, weil sich dadurch evtl. Mitpatienten belästigt fühlen könnten. Topfpflanzen sind in Krankenhäusern aus hygienischen Gründen verboten.

Toll sind alle Geschenke gegen Langeweile. Wie wäre es z. B. mit einem Walkman mit passender Musik oder Hörspielen? Auch Zeitschriften, Kreuzworträtselhefte und Bücher sind geeignete Geschenkideen. Verschenken Sie zusätzlich zu dem Lesestoff noch ein selbst gestaltetes Lesezeichen, dann ist der Kranke für jede Unterbrechung durch Besuch, Arztvisite oder Telefonanrufe gerüstet.

Tierische Lesezeichen

Material

- *Tierfell-Velourskarton (Zebra und Giraffe)*
- *Quaste in Silber oder Gold*
- *Cutter mit Schneideunterlage*

Für jedes Lesezeichen zwei 4 cm x 23 cm große Stücke Tierfell-Velourskarton zuschneiden. Die Rückseite eines Kartonstücks mit Klebstoff bestreichen, die Quaste dazwischen legen und das zweite Kartonstück aufkleben. Die Lesezeichen gut trocknen lassen.

Preis: ★
Zeitbedarf: ca. 15 Minuten

Geschenkideen durchs Jahr

Übers Jahr hinweg gibt es immer wieder Gelegenheiten, zu denen man gerne etwas verschenken möchte, sei es zu Ostern, anlässlich einer Sommerparty oder natürlich zu Weihnachten. Häufig ist man aber gerade zu diesen Zeiten so im Stress, dass man kaum Ruhe und Zeit findet, sich passende Geschenkideen einfallen zu lassen. Deshalb finden Sie hier die schönsten Anregungen für gekaufte und selbst gemachte Geschenke.

Osterideen

Wenn sich der Winter langsam verabschiedet und endlich die ersten Blumen blühen, dann ist der Frühling nicht mehr weit – und damit auch Ostern! Es gibt wohl niemanden, der sich nach der kalten und häufig doch recht trüben Jahreszeit nicht so richtig auf dieses Frühlingsfest freut.

Bunte Blumengrüße

Weiß, Grau und mit etwas Glück ein frostiges Blau sind die vorherrschenden Farben des Winters. Kein Wunder, dass sich jetzt alle nach bunten, fröhlichen Farben sehnen! Verschenken Sie deshalb frische, bunte Blumen wie Tulpen, Narzissen und Forsythien, wenn Sie zu einem Osterfrühstück eingeladen sind. Über so einen Frühlingsgruß freut sich jeder!

Die Farben der Natur

Auch selbst gefärbte Ostereier sind ein beliebtes Geschenk, besonders, wenn Sie diese zusammen mit Schokoladeneiern und -häschen hübsch in einem Osternest arrangieren. Im Handel gibt es diverse Ostereierfarben, die kinderleicht zu handhaben sind. Oder Sie versuchen, die Eier mit „Naturfarben“ zu färben. Dafür geben Sie weiße Eier in den Sud und lassen sie entsprechend lange ziehen. Je nachdem, wie lange sie im Färbebad bleiben, werden die Eier heller oder dunkler. Die nebenstehende Tabelle verrät, wie's geht.

Zwiebeln	*Geben Sie eine Hand voll Zwiebelschalen auf 1 Liter kochendes Wasser.*	*nach 5 Minuten: gelbe Eier* *nach 60 Minuten: braune Eier*
Kamillenblüten	*Geben Sie 5 EL Kamillenblüten auf 1 Liter kochendes Wasser.*	*nach 5 Minuten: hellgelbe Eier* *nach 15 Minuten: dunkelgelbe Eier*
Holunder	*Legen Sie in einen 1/2 Liter Holundersaft 3 Eisenschrauben.*	*nach 10 Minuten: blaue Eier*
	Erhitzen Sie einen 1/2 Liter Holundersaft und geben Sie die Eier hinein.	*nach 60 Minuten: dunkelblaue Eier*
Krapp-Wurzel	*Geben Sie 3 EL Krapp-Wurzel in 1 Liter kaltes Wasser.*	*bei 1 bis 10 Minuten: rosafarbene Eier*
	Geben Sie 3 EL Krapp-Wurzel in 1 Liter kochendes Wasser.	*nach 60 Minuten: rote Eier*
Matetee	*Geben Sie 4 EL Matetee in 1 Liter kochendes Wasser und legen Sie die Eier in den noch heißen Tee.*	*auf diese Art und Weise erhalten Sie verschiedene Gelbtöne*
	Geben Sie 4 EL Matetee in 1 Liter kochendes Wasser und lassen Sie den Tee 10 Minuten kochen. Dann muss der Tee abkühlen, bevor die Eier hineingegeben werden.	*auf diese Art und Weise erhalten Sie verschiedene Grüntöne*

Tulpen-Eierbecher

Mit diesen hübschen Eierbechern zaubert jeder Frühlingsstimmung auf seinen Ostertisch.

Material

- *Tontöpfchen, ø 5,5 cm*
- *Servietten mit Tulpen-Motiv*
- *Acrylfarbe in Weiß und Türkis*
- *Pinsel*
- *Serviettenkleber*
- *Deko-Gras in Grün*

Die weiße Acrylfarbe mit ein wenig Türkis mischen, um einen sehr hellen Türkiston zu erzielen. Die Töpfchen mit dieser Mischfarbe anmalen und gut trocknen lassen. Die Tulpenmotive aus der Serviette ausschneiden und die obere, bedruckte Lage abziehen, denn nur diese wird verwendet. Die Serviettenmotive mit Serviettenkleber auf den Tontöpfchen aufbringen. Die Töpfchen mit Deko-Gras füllen, damit die Eier Halt haben.

Preis: ★
Zeitbedarf: ca. 45 Minuten
(für 5 Eierbecher)

Zum Muttertag

Jedes Jahr am zweiten Sonntag im Mai lassen Mütter sich beschenken und verwöhnen, sei es mit einem Blumenstrauß, einem selbst gemalten Bild oder einer Einladung ins Restaurant. An diesem Tag ist also das Engagement von jungen und älteren Kindern gefragt. Überraschen Sie dieses Jahr Ihre Mutter doch einmal mit einem selbst gemachten Geschenk, das ihr zeigt, wie sehr sie Ihnen am Herzen liegt!

Haushaltsgegenstände sind Tabu

Der Muttertag kam vor rund 60 Jahren aus Amerika zu uns nach Deutschland. Seitdem lassen sich Mütter an diesem Tag ausgiebig feiern. Böse Zungen behaupten zwar, der Blumenhandel hätte das Ganze forciert, aber wenn Sie diesen Tag einfach zum Anlass nehmen, sich bewusst zu machen, was Ihre Mutter (bzw. Ihre Eltern) für Sie getan haben, dann ist das ja auch nicht weiter schlimm.

Wie dem auch sei, es gibt wohl kaum eine Mutter, die sich an diesem Tag nicht über eine Kleinigkeit von ihren Kindern freut, ganz besonders, wenn diese selbst gemacht ist. Verschenken Sie z. B. eine leckere Torte oder ein Gutscheinheft, in dem Sie ihr Ihre Dienste anbieten. Oder überraschen Sie Ihre Mutter mit einem Verwöhn-Tag ganz für sich alleine oder in Ihrer Begleitung – sie wird begeistert sein!

Vermeiden sollten Sie auf jeden Fall Geschenke wie Haushaltsgeräte oder andere Haushaltsgegenstände, weil die nur an Hausarbeit erinnern.

Tipp

Auch die selbst gemachten Kosmetika von Seite 24/25 oder der auffällige Schmuck von Seite 26/27 eignen sich hervorragend als Muttertagsgeschenk!

Efeu-Herz

Material

- *Efeupflanze im Topf*
- *stabiler Draht in Silber, ca. 1 m lang*
- *Zink-Übertopf in passender Größe*
- *Bast in Pink*
- *3 Metallblüten in Rosa*

Den Draht zu einem Herz biegen. Dabei darauf achten, dass die offenen Enden unten ca. 15 cm lang bleiben, damit das Herz in die Erde gesteckt werden kann. Das Drahtherz in den Topf stecken und den Efeu gleichmäßig darum herum schlingen. Oben etwas Bast um den Efeu binden und an dessen Enden die Metallblüten knoten. Zum Schluss das Efeu-Herz in den Zink-Übertopf stellen.

Preis: ★★
Zeitbedarf: ca. 45 Minuten

Geschenkideen für die Sommerparty

Gibt es etwas Schöneres, als an einem lauen Sommerabend mit Freunden zusammen unter freiem Himmel zu speisen? Kaum! Zu dieser Fete müssen Sie natürlich kein großes Geschenk mitbringen, aber über ein kleines Mitbringsel freut sich Ihr Gastgeber sicher trotzdem!

Alles für draußen

Als kleines Gastgeschenk eignet sich zu einer solchen Einladung eine Topfpflanze für den Balkon oder Garten. Außerdem ist alles beliebt, was im weitesten Sinn mit Garten zu tun hat, also Fackeln, eine Gießkanne, ein Geschenkkorb für den Hobbygärtner (siehe Seite 87), ein Windlicht, eine Grillzange und, und, und. Dass Sie anbieten, selbst einen Salat oder eine andere Leckerei zum Grillfest beizusteuern, ist sowieso eine Selbstverständlichkeit!

Tipp

Ganz schnell und einfach ist auch ein Windlicht gezaubert, wenn Sie ein leeres Marmeladenglas zur Hälfte mit gefärbtem Wasser füllen und eine Schwimmkerze hineinsetzen. Färbemittel gibt es in kleinen Fläschchen im Blumenhandel in allen erdenklichen Farben zu kaufen.

Kerze mit Perlen-Deko

Diese Kerze bringt stimmungsvolles Licht auf den Gartentisch.

Material

- *viereckige Kerze in Weiß-Blau, 10 cm x 10 cm*
- *Silberdraht von der Rolle, ø 0,25 mm, 2,5 m lang*
- *Rocailles in Transparent, ø 2 mm*

Eine Rocaille auf ein Drahtende aufziehen und den Draht nochmals durch die Perle führen, damit diese fixiert ist. Dann nach Belieben Rocailles auf den Draht fädeln, dabei immer wieder einzelne Perlen durch Zurückführen des Drahtes fixieren und Drahtstücke ohne Perlen stehen lassen. Ist der Draht mit Perlen bestückt, diesen um die Kerze schlingen und den Drahtanfang und das Drahtende durch Verdrehen befestigen. Das Reststück um einen Bleistift wickeln und als Drahtspirale aufspringen lassen.

Preis: ★
Zeitbedarf: ca. 1 Stunde 30 Minuten

Es weihnachtet

Wenn es im ganzen Haus nach frisch gebackenen Plätzchen duftet, Kerzen ihr warmes Licht verbreiten und draußen dicke Schneeflocken fallen, dann ist Weihnachten nicht mehr weit. Erinnern Sie sich noch daran, wie spannend diese Zeit für Sie als Kind war? Jetzt, als Erwachsene, empfinden wir gerade die Vorweihnachtszeit oft als hektisch und anstrengend. Umso schöner, wenn nun jemand an uns denkt und uns mit einer netten Kleinigkeit überrascht!

Tipp

Pralinen schmecken frisch am besten und sollten nicht länger als eine Woche aufbewahrt werden.

Köstliche Leckereien

Sind Sie in der Vorweihnachtszeit oder zu Weihnachten eingeladen, bieten sich natürlich selbst gemachte Köstlichkeiten als Mitbringsel an. Besonders hübsch sehen sie aus, wenn Sie sie in durchsichtige Tüten füllen und das Ganze mit einem Band, Tannenzweig oder Weihnachtsbaumschmuck dekorieren.

Oder Sie nützen die dunklen Winterabende aus, greifen mal wieder zu Schere, Klebstoff und Papier und basteln Weihnachtskarten, dekorativen Christbaumschmuck oder transparente, weihnachtliche Tischlaternen. Damit machen Sie Ihrer Freundin, die Sie zum Adventskaffee eingeladen hat, ganz sicher eine Freude!

Weihnachtliche Tisch-laternen

Material

- *Transparentpapier, Stärke 125 g*
- *Papier-Motivseide in Weiß mit durchbrochenen Sternen und Monden*
- *Teelichter*
- *Sprühkleber*
- *Cutter*
- *Schneideunterlage*
- *Lineal*
- *schmales, doppelseitiges Klebeband*

Vorlage Seite 126/127

Den Zuschnitt für die Laterne auf Transparentpapier aufzeichnen und mithilfe eines Cutters und eines Lineals ausschneiden. Ein Stück Motivseide, das an allen Seiten mindestens 3 cm größer ist als der Laternenzuschnitt, mithilfe von Sprühkleber darauf plan fixieren. Dann die überstehende Motivseide entsprechend dem Laternenzuschnitt abschneiden. Alle Linien gut falten, damit saubere Knicke und Kanten entstehen. Auf die Klebeflächen doppelseitiges Klebeband aufbringen und zuerst den Laternenboden schließen und danach die Seite. Zum Schluss ein Teelicht in die Laterne stellen.

Preis: ★
Zeitbedarf: ca. 30 Minuten
(für zwei Laternen)

Marzipankartoffeln

Zutaten

- *200 g Marzipanrohmasse*
- *120 g Puderzucker*
- *1 TL Instant-Kaffeepulver*
- *2 EL Cognac*
- *2 EL Kakaopulver*

Mit einem elektrischen Handrührgerät die Marzipanrohmasse zusammen mit 100 g des gesiebten Puderzuckers verrühren. Danach das Kaffeepulver und den Cognac hinzufügen und unterrühren. Aus der Marzipanmasse kleine Kugeln formen und im gesiebten Kakaopulver oder Puderzucker wälzen. Ergibt ca. 30 Stück.

Preis: ★
Zeitbedarf: ca. 15 Minuten

Zartbittere Mandelsplitter

Zutaten

- *200 g Mandelstifte*
- *50 g Kokosfett*
- *20 g Butter*
- *30 g Kakaopulver*
- *20 g Puderzucker*

Das Kokosfett zusammen mit der Butter schmelzen. Das gesiebte Kakaopulver und den gesiebten Puderzucker hinzugeben und unterrühren. Die Mandelstifte vorsichtig unter die Masse heben. Mit zwei Teelöffeln auf ein mit Backpapier ausgelegtes Backblech kleine Häufchen setzen. Ergibt ca. 30 Stück.

Preis: ★
Zeitbedarf: ca. 20 Minuten

Kalender

Ob für Geschäftstermine, Geburtstage oder wichtige Jubiläen – ohne Kalender kommt heutzutage niemand mehr aus. Besonders schöne und originelle Exemplare können Sie jetzt ganz einfach selbst machen. Damit denkt der Beschenkte jeden Tag im Jahr an Sie!

Gut durchs Jahr

Mit schönen Kalendern kommt man einfach besser durchs Jahr, besonders, wenn diese selbst gestaltet sind. Im Schreibwarenhandel gibt es neutrale Jahreskalender in allen Variationen zu kaufen, die Sie selbst verzieren können. Fangen Sie rechtzeitig an, nach zwölf hübschen Motiven zu suchen, damit kein Monat bildlos bleiben muss. Das können selbst gemalte Bilder oder Collagen sein, bei denen Ihre Kinder sich als Künstler versuchen, verschiedene Fotos oder lustige Schnappschüsse. Tolle Geschenkideen sind aber auch der kulinarische Jahreskalender, der Monat für Monat mit neuen Rezeptideen überrascht, oder der hübsche Filzkalender, anhand dessen Sie sehen können, wie leicht sich ein neutraler Kalender aufpeppen lässt.

Filzkalender

Material

- *Kalender mit Papp-Einband*
- *Filz in Grün*
- *Filzreste in Rot, Orange, Pink und Rosa*
- *Fun Liner Glitter in Pink*
- *Holzleim*
- *Motivlocher für große und kleine Blumen*
- *Bügelstärke*

Den Filz für die Blumen mit Bügelstärke besprühen und gut trocknen lassen. Den Umschlag des Kalenders dünn und gleichmäßig mit Holzleim einstreichen und den grünen Filz flächig als Einband darauf kleben. Überstehende Ränder nach dem Trocknen mit einer scharfen Schere abschneiden. Aus dem inzwischen getrockneten Filz mit den Motivlochern kleine und große Blumen ausstanzen, diese mit Holzleim aufeinander kleben und mit Holzleim auf dem Einband fixieren. Zum Schluss mit dem Fun Liner kleine Punkte als Blütenmitten auftragen.

Preis: ★★
Zeitbedarf: ca. 1 Stunde

Kulinarischer Jahreskalender

Material

- *gebundenes, liniertes Notizbuch*
- *Blütenpapier*
- *Schreibmaschinenpapier*
- *Farbkopien von Rezepten*
- *dünner Karton*
- *Buntstifte in verschiedenen Farben*
- *Füller*
- *Cutter*
- *doppelseitiges Klebeband*
- *Zackenschere*
- *ggf. Stifte in verschiedenen Farben*

Die Idee dieses Jahreskalenders ist, eine Rezeptsammlung durchs Jahr zu erhalten. Das Notizbuch beginnt mit der Einleitungsseite für den Monat Januar. Für diese Einleitungsseite wird jeweils auf die erste Seite mit dem Cutter ein Schnitt ins Papier gemacht, und zwar in der Blattmitte oder im oberen Blattdrittel, je nachdem, was in die Papiertasche eingesteckt wird. Dann werden die Ränder der ersten Seite mit der nächsten Seite zusammengeklebt, am besten mit einem Klebestift. So entsteht eine Art Tasche, in die das Rezept oder das Kochthema des Monats eingesteckt werden kann. Die kulinarischen Themenkarten der zwölf Monate können z. B. aus Farbkopien aus Kochbüchern hergestellt werden, die auf dünnen Karton aufgeklebt und deren Ränder mit einer Zackenschere verziert werden. Wer will, versieht die Monatsseiten noch mit schönen Sprüchen. Auf die nächsten Seiten kommen dann Ideen und Rezepte passend zum Monatsthema. Dabei am besten zum nächsten Monat immer einige Seiten frei lassen, auf denen der Beschenkte eigene Rezepte, Ideen und Gedanken notieren kann. Auf diese Art und Weise Seiten für alle zwölf Monate gestalten. Zum Schluss das Buch in Blütenpapier einschlagen und den Einband mit doppelseitigem Klebeband befestigen. Den Schriftzug „Kulinarischer Jahreskalender“ auf Papier schreiben (entweder mit dem Computer oder mit Buntstiften), als Oval ausschneiden und aufkleben.

Preis: ★
Zeitbedarf: ca. 3 Stunden

Geschenke kaufen

Schmuck, Uhren, Parfüm – Dinge, die Freude machen und die man gerne verschenkt, gibt es fast überall zu kaufen. Lassen Sie sich durch die hier vorgestellten Geschenkideen zu tollen Überraschungen inspirieren und erfahren Sie ganz nebenbei jede Menge interessanter Fakten über beliebte Geschenkideen wie Edelsteine, Düfte, Blumen & Co. So macht der Geschenke-Einkaufsbummel richtig Spaß!

Schöner Shoppen

Auch wer sich nicht selbst kreativ betätigen will, kann wunderschöne Geschenke machen. Dazu reicht es jedoch nicht aus, wenn Sie nur in einen Laden gehen und das Erstbeste mitnehmen, das Ihnen gerade über den Weg läuft. Deshalb sollten Sie sich möglichst schon vor dem Einkaufsbummel überlegen, mit welchem Geschenk Sie Ihrer Freundin oder Ihrem Partner eine Freude machen können. Mit diesen Tipps und Infos klappt's bestimmt!

Umso früher, umso besser

Oft wissen Sie schon recht frühzeitig, dass jemand beschenkt werden muss oder, besser gesagt, beschenkt werden sollte. Schließlich finden Geburtstage und Weihnachten ja jedes Jahr an den gleichen Tagen statt. Deshalb: Je eher Sie sich über das Geschenk Gedanken machen, desto besser! So bleibt Ihnen genügend Zeit, in Ruhe bummeln zu gehen und nach etwas Geeignetem Ausschau zu halten. Zudem kann es Ihnen ja auch passieren, dass das Traumgeschenk, das Sie ausgesucht haben, noch bestellt werden muss. Es wäre wirklich schade, wenn Ihre Idee nur deswegen ins Wasser fallen müsste.

Passende Idee gesucht (und gefunden!)

Denken Sie in Ruhe über den zu Beschenkenden nach. Gibt es Wünsche, die er irgendwann einmal geäußert hat? Über was würde er sich besonders freuen? Was wollte er schon immer haben, hat es sich aber selbst nie gegönnt? Welche Hobbys hat er? Oder über was haben Sie sich selbst einmal besonders gefreut? Käme das eventuell ebenfalls in Frage? Wenn Ihnen auf diese Fragen keine Antworten einfallen, können Sie auch einfach drauflos marschieren und in Geschäften stöbern, ob Sie etwas Geeignetes (!) finden. Selbst in Katalogen oder Werbeprospekten, die der Tageszeitung beiliegen, verstecken sich manchmal tolle Geschenkideen. Weitere Tipps und Tricks, wie Sie auf eine passende Idee kommen, finden Sie auch auf den ersten Seiten dieses Buches.

Gutes muss nicht teuer sein

Natürlich hängt Ihre Geschenkidee auch davon ab, wie viel Geld Sie ausgeben wollen. Je tiefer Sie bereit sind, in die Tasche zu greifen, desto einfacher werden Sie es haben. Häufig aber ist ein teures Geschenk dem Anlass gar nicht angemessen! Deshalb gilt: Ein gutes Geschenk muss nicht teuer sein. Eine sorgfältig ausgewählte Kleinigkeit kann oft mehr Freude machen als ein großes, pompöses Präsent!

Sammelleidenschaft

Wenn der zu Beschenkende eine ausgeprägte Sammelleidenschaft hat, dann haben Sie als Schenkender es gut, weil Sie sich über eine passende Geschenkidee nicht den Kopf zerbrechen müssen. Es ist kaum zu glauben, was alles gesammelt wird: Parfümflakons oder Parfüm-Miniaturen, Bierdeckel, Briefmarken, Zuckertüten, Plastiktüten, kleine Skulpturen von Katzen, Postkarten,

Fotos, Sammeltassen, Münzen, Edelsteine, Mineralien, alte Gläser, Knöpfe, Perlen, Teddybären, Stofftiere, Puppen, alte oder neue Bücher und, und, und. Bestimmt finden Sie ein tolles Einzelstück, das die Sammlung fantastisch ergänzt!

Sportliche Ideen

Auch für Sportliche oder alle, die es werden wollen, ist es nicht schwer, eine passende Geschenkidee zu finden. Wollte Ihre Freundin z. B. schon immer mal reiten lernen? Dann erkundigen Sie sich bei einem Reitsportverein in Ihrer Nähe, ob die einen Schnupperkurs anbieten und schenken Sie ihr dafür einen Gutschein. So kann Sie in aller Ruhe ausprobieren, ob ihr die Sportart Spaß macht oder nicht. Sind keine Schnupperkurse verfügbar, könnten Sie auch eine einzelne Trainerstunde verschenken. Wissen Sie bereits, dass die zu beschenkende Person gerne schwimmt oder Eiskunstlauf macht, könnten Sie hierfür Zehnerkarten oder sogar eine Saisonkarte erwerben. Und bei Wander-Fans und Radfahrern bieten sich entsprechende Bücher, Karten oder Ausrüstungsgegenstände an.

Geschenke für Kunst- und Kultur-Fans

Verschenken Sie doch einen Volkshochschulkurs! Das Angebot ist inzwischen nämlich sehr gut und vielfältig. Von der Öl- und Aquarellmalerei übers Zeichnen bis hin zum Töpferkurs findet sich bestimmt etwas Passendes für alle, die ihre Freizeit gerne kreativ gestalten wollen. Vielleicht können Sie auch mit einer Museumskarte oder einem Planetariumsbesuch Freude bereiten? Kino-, Theater-, Ballett-, Opern- oder Musicalkarten sind ebenfalls willkommene Geschenke!

Für alle mit Fernweh

Für Reiselustige kann man Städte-Kurztrips mit entsprechenden Reiseführern verschenken. Solch eine Geschenkidee ist z. B. bei Hochzeiten oder runden Geburtstagen beliebt, wenn man sich für das Geschenk zu mehreren zusammentut. Kurze, eintägige Busausflüge von Reisebüros sind ebenfalls oft gar nicht mal so teuer, ebenso wie Bahntickets.

Immer beliebt: Antiquitäten

Ein besonderes, altes Einzelstück lässt nicht nur die Herzen von Antiquitätensammlern höher schlagen, sondern ist auch eine tolle Zierde für moderne Wohnungen. Oder sammeln Ihre Bekannten altes Silber oder Gegenstände einer bestimmten Epoche? In dem Fall werden Sie in einem gut bestückten Antiquitätenladen, in dem man Sie auch gerne berät, sicher fündig. Und wer weiß, vielleicht entdecken Sie bei der Gelegenheit ja auch einen Kerzenleuchter, der ganz fantastisch auf Ihren Esstisch passt, und beschenken sich selbst damit?

Schmuck und Uhren

Haben Sie zu Hause auch noch eine Uhr oder eine Kette, die Sie schon seit Ewigkeiten besitzen und von der Sie noch ganz genau sagen können, woher Sie sie haben? Um nichts auf der Welt würden Sie sich von diesem Schmuckstück trennen, alleine der Erinnerung wegen. Sie sehen, Schmuckstücke und Uhren sind Geschenke, an denen der Beschenkte sehr, sehr lange Freude hat. Deshalb sollten Sie sich als Schenkender hier genaustens informieren, bevor Sie zum Kauf schreiten – schon alleine deshalb, weil es sich ja auch um ein recht kostspieliges Vergnügen handelt.

Edelsteine

Alte Faszination

Nichts fasziniert die Menschen seit Jahrtausenden mehr als glitzernde Edelsteine. Die alten Ägypter, Römer und Griechen waren aber nicht nur von ihrer Schönheit angetan, sondern auch davon überzeugt, dass die Steine, abhängig von ihren Farben, schutzbringende Eigenschaften und Heilkräfte besitzen. Die Astrologie glaubt, dass jedem Sternkreiszeichen bestimmte Edelsteine zuzuordnen sind, die zu dem Träger passen und ihn positiv beeinflussen. Probieren Sie das doch aus und verschenken Sie zum nächsten Geburtstag ein Schmuckstück mit dem passenden Edelstein!

Auch jetzt gibt es wohl kaum jemanden, der von einem Edelstein nicht in Bann gezogen wird. Schon alleine deshalb ist ein Edelstein ein wunderschönes Geschenk, das seinen Wert behält und kaum der Mode unterworfen ist.

Geschliffene Schönheiten

Am schönsten kommen Edelsteine zur Geltung, wenn sie geschliffen werden. Dabei erhalten nur durchsichtige Steine einen Facettenschliff, während undurchsichtige meistens zu Cabochons geschliffen werden. Cabochons sind am Boden flach und werden rund, elliptisch, tropfenförmig oder oval und je nach Stein mit einer höheren oder flacheren Wölbung geschliffen. Auch beim Facettenschliff gibt es zahlreiche verschiedene Schliffe mit unterschiedlicher Facettenanzahl. Suchen Sie die Form aus, die dem Beschenkten am besten gefallen könnte und lassen Sie sich dabei ggf. ausführlich beim Juwelier beraten.

Die Edelsteine im Überblick

Welche Edelsteine werden welchem Sternzeichen zugeordnet? Und welche geheimnisvollen Eigenschaften werden ihnen nachgesagt? Selbst wenn Sie nicht an die Kraft der Steine glauben, kann diese Aufstellung für Sie sehr interessant sein, weil Sie dann nämlich eine kleine Geschichte zu Ihrem Geschenk erzählen können – und das kommt garantiert gut an!

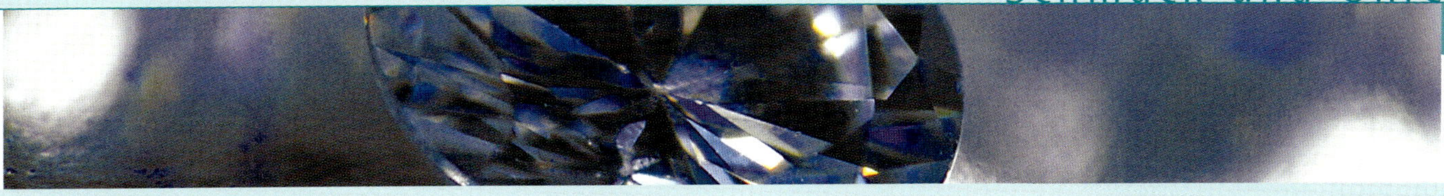

Diamant

Dem Sternzeichen des Löwen wird der Diamant zugeordnet. Bewertet wird ein Diamant anhand der vier großen „C"s, nämlich Cut (Schliff), Colour (Farbe), Carat (Gewicht) und Clarity (Reinheit). Ganz entscheidend für einen Diamanten ist das Gewicht. Die internationale Gewichtseinheit ist das Karat, wobei ein Karat 0,2 Gramm entspricht. Wie bei allen weißen, durchscheinenden Steinen wird dem Diamanten auf geistiger Ebene Reinheit und Klarheit nachgesagt. Er soll energetische Blockaden auflösen und einen Zustand der Ausgewogenheit herstellen, Kopfschmerzen und Augenprobleme lindern und Sinneswahrnehmungen schärfen.

Rubin

Dieser sehr kostbare Edelstein ist von durchsichtigem Rot. Rubine werden den Sternzeichen Widder und Steinbock zugeordnet. Sie wirken belebend, anregend und kräftigend, stärken die Willens- und Durchsetzungskraft und helfen bei Depressionen und Schüchternheit. Außerdem fördern sie die Wundheilung und Narbenbildung und wirken lindernd bei Rheuma und Muskelproblemen.

Saphir

Die am häufigsten anzutreffende Farbe beim Saphir ist Blau in allen möglichen Schattierungen. Allerdings werden auch farblose, orange-, violett-, purpur- oder rosafarbene, gelbe, braune und sogar flaschengrüne Saphire gefunden. Das Blau des Saphirs wirkt beruhigend und führt eine tiefe Entspannung herbei. Außerdem wird ihm eine positive Auswirkung auf Augen, Hals und Schilddrüse nachgesagt. Der Saphir ist der Edelstein folgender Sternzeichen: Stier, Jungfrau (gelbe Saphire), Schütze und Wassermann.

Opal

Der Edelopal kommt in verschiedenen Farben vor. Er kann weißlich oder schwarz sein, doch am schönsten ist sein Farbenspiel, wenn er „opaleszierend" ist, das heißt in den schönsten Regenbogenfarben schillert. Der Opal gilt als Edelstein für folgende Sternzeichen: Zwilling, Jungfrau, Skorpion (schwarzer Edelopal) und Fisch. Seine Heilwirkung hängt von der Farbe ab. Dem weißen wird die gleiche wie dem Diamanten nachgesagt und dem blauen die des Saphirs. Der schwarze Opal hilft, den Willen zu stärken.

Bergkristall

Aufgrund seiner Transparenz und Farblosigkeit und der damit assoziierten Reinheit gilt der Bergkristall als heiliger Stein. Ähnlich wie beim Diamanten wird ihm Ausgewogenheit, Reinheit und Klarheit nachgesagt. Er wird dem Sternzeichen Krebs zugeordnet.

Smaragd

Die beliebteste Farbe beim Smaragd ist das typische, kräftige Smaragdgrün. Der Smaragd wirkt sehr beruhigend und entspannend, aber auch regenerierend und anregend. Er ist besonders bei Unruhe und Schlafstörungen einzusetzen, aber auch bei Nerven- oder Herzproblemen. Die zum Smaragd passenden Sternzeichen sind Stier und Waage.

Turmalin

Die Turmaline kommen in allen möglichen Farbschattierungen vor. Rötliche Turmaline wirken ausgleichend und harmonisierend auf das Herz. Alle goldbraunen fördern das Denken, die Körperenergie und den Stoffwechsel. Grüne Turmaline stehen dagegen für Ausgeglichenheit und Harmonie und die blauen helfen bei Überreizung, Schlaflosigkeit und Angstzuständen. Das zum Turmalin passende Sternzeichen ist die Waage.

Aquamarin

Sein Name bedeutet „Wasser des Meeres" und genauso sieht er auch aus. Er steht für Ruhe und Frieden und wird folgenden Sternzeichen zugeordnet: Skorpion, Schütze und Wassermann.

Amethyst

Seine Farbpalette reicht von einem hellen bis zu einem dunklen Lila. Seine Farbintensität ist allerdings nicht immer gleich – und er kann sogar ausbleichen. Der beliebte Schmuckstein hat einen heilenden Einfluss auf die Seele und das Unterbewusstsein und ist gut gegen Unruhe, Schlaflosigkeit und Migräne. „Seine" Sternzeichen sind der Fisch, der Skorpion und der Steinbock.

Granat

Seine Farbe ist normalerweise ein schönes, sattes Dunkelrot. Er steht für Ausdauer, Mut und schöpferische Kraft, hilft gegen Depressionen und fördert die Durchsetzungskraft. Das dazu passende Sternzeichen ist der Wassermann.

Lapislazuli

Bei den Pharaonen galt er als „Stein des Himmels". Wegen seines undurchsichtigen, intensiven Blaus war er schon immer sehr beliebt. Er wirkt äußerst beruhigend und entspannend und hat positive Auswirkungen auf die Augen und den gesamten Kopfbereich. „Seine" Sternzeichen sind die Waage und der Schütze.

Türkis

Seine Farbe reicht von Himmelblau bis zu Vergissmeinnichtblau. Man schreibt ihm oft magische Fähigkeiten zu, weshalb er gerne als Amulett getragen wird. Der Türkis stärkt den Lebenswillen und beeinflusst Blutkreislauf, Herz und Nerven positiv. Die passenden Sternzeichen sind Wassermann und Fische.

Perlen

Geheimnisvoll

Lange Zeit wusste man überhaupt nicht, wie Perlen entstehen. Deshalb haftet ihnen auch heute noch etwas leicht Geheimnisvolles an. Gleichzeitig aber macht ihre klassisch zeitlose Eleganz Perlen zu einem der beliebtesten Schmuckstücke überhaupt – und damit auch zu einer fantastischen Geschenkidee!

Schicht um Schicht

Früher glaubte man, dass es Sandkörner im Inneren der Muscheln wären, die diese zur Perlenbildung anregen. Heute weiß man, dass es sich eher um Parasiten oder Meereswürmer handelt, die sich in die Schale bohren. Die Muschel versucht, sich gegen den Eindringling durch die Absonderung von schalen- bzw. perlbildendem Material zu wehren. Sie ummantelt ihn Schicht um Schicht und bildet so nach und nach eine wunderschöne Perle. Perlen werden von verschiedenen Muschelarten produziert, die in subtropischen und tropischen Meeren, aber auch im Süßwasser leben.

Echte Perlen und Zuchtperlen

Perlen, die ohne Dazutun des Menschen entstehen, bezeichnet man als echte Perlen. Sie sind sehr selten und deshalb kaum bezahlbar. Günstiger, aber genauso schön sind Zuchtperlen, die auf Perlenfarmen gezüchtet werden.

Je größer eine Perle ist, desto wertvoller ist sie. Im Handel sind meistens Akoya-Perlen mit einem Durchmesser von etwa 3 mm bis 10 mm erhältlich. Eine Pinctada Maxima kann jedoch auch bis zu 20 mm groß werden.

Oft werden im Handel fertige Perlenstränge angeboten, in denen die Perlen schon in der Größe, Farbe und Form aufeinander abgestimmt sind. Den passenden Verschluss suchen Sie erst dann aus, wenn Sie sich für einen bestimmten Perlenstrang entschieden haben.

Glänzende Schönheiten

Entscheidend für die Schönheit einer Perle ist ihr Glanz, auch Lüster genannt. Je langsamer die Perle heranwächst, desto feiner und schöner ist ihr Glanz. Deshalb sagt man in der Regel, dass Perlen aus den nördlicheren Regionen den schöneren Lüster haben, weil die Perlen in den kälteren Gewässern langsamer wachsen. Die Oberfläche der Perle sollte möglichst glatt sein und keine Kratzer, Beulen oder Flecken aufweisen.

Die Farbpalette reicht bei den Perlen von Weiß über Rosa bis hin zu Gelb, Grün und sogar Schwarz, wobei die Farbe keinen Einfluss auf die Qualität der Perle hat.

Tipps

Mit folgenden Pflegetipps bleiben Perlen schön und glänzend:

- *Perlen nicht übermäßig mit Haarspray oder Kosmetikprodukten in Berührung bringen. Auch Schweiß kann den Glanz einer Perle negativ beeinflussen.*
- *Die Perlen nach dem Tragen möglichst immer mit einem weichen Tuch abwischen.*

Edelmetalle

Glänzende Geschenkidee

Schmuckstücke aus Gold, Silber oder Platin sind immer eine glänzende Geschenkidee! Ob man sich jedoch mehr über kühles Silber oder warmes

Gold freut, hängt ganz vom persönliche Geschmack ab. Hilfreich vor dem Kauf ist hier ein Blick auf die Hand oder das Dekolletee ...

Seit Jahrtausenden begehrt

Silber, Gold und Platin sind die bekanntesten Edelmetalle, die häufig und gerne bei der Schmuckherstellung eingesetzt werden. Diese Edelmetalle lassen aber nicht erst seit kurzem die Herzen von Männern und Frauen höher schlagen. Ganz im Gegenteil! Schon einige tausend Jahre v. Chr. wurden Gold und Silber zu wertvollen Erinnerungen verarbeitet und Platin ist ebenfalls bereits seit 750 v. Chr. in Ägypten bekannt.

Wertvolle Legierungen

Der Goldgehalt in den Schmuckstücken wird entweder durch die 24-stufige Karateinteilung angegeben oder dadurch, wie viele Gewichtsanteile Gold auf jeweils 1000 Metallanteile kommen. 24 Karat entsprechen einem Goldgehalt von 999/000, 18 Karat 750/000, 14 Karat 585/000 und 8 Karat 333/000.

Platin wird fast immer mit einem Edelmetallgehalt von 950/000 verarbeitet, während die üblichen Silberlegierungen für Schmuck einen Feingehalt von 835/000 oder 925/000 (auch Sterlingsilber genannt) besitzen.

Uhren

Echte Schmuckstücke

Uhren sind ganz besondere Geschenke, denn sie sind Schmuckstück und Gebrauchsgegenstand in einem. Bei dem riesigen Uhrenangebot, das es inzwischen überall gibt, finden Sie sicher ein passendes Exemplar für den Beschenkten, damit dieser nicht zeitlos bleiben muss!

Echte Sammelleidenschaft

Für viele sind Uhren einfach nur praktische Zeitmessgeräte, die funktional sein müssen und möglichst schön aussehen sollten. Für andere sind Uhren Schmuckstücke, die sie wie Ringe oder Ketten tragen. Und dann gibt es noch die echten Uhrenliebhaber, die mehrere Uhren für jeden Anlass besitzen oder ganz bestimmte Arten von Uhren sammeln. Eines ist ihnen jedoch gemeinsam: Sie alle freuen sich über eine neue Uhr!

Quarzantrieb oder mechanisches Uhrwerk?

Wer absolute Genauigkeit bei weitestgehender Wartungsfreiheit verschenken möchte, der ist bestimmt mit einem elektronischen, quarzgesteuerten Antrieb gut bedient. Auch eine funkgesteuerte Solaruhr bereitet sicher Freude.

Für den Liebhaber alter Uhrmacherkunst kommt aber sicherlich nur ein mechanisches Uhrwerk in Frage. Hier zählt nicht die Genauigkeit, sondern das Wissen um das Zusammenspiel von Zahnrädern, Hebeln und Federn. Solche Uhren bestehen aus nahezu 700 Einzelteilen. Man unterscheidet zwischen Uhren mit Handaufzug – das heißt tägliches Spannen der Zugfeder per Hand – und welchen mit automatischem Aufzug.

Die richtige Pflege

Um an einer Uhr lange Freude zu haben, sollte man die Pflege nicht vergessen. Schließlich ist so ein Zeitmesser immer wieder verschiedenen Faktoren ausgesetzt, wie z. B. Feuchtigkeit, Temperaturunterschieden und Stößen. Es empfiehlt sich, die Uhr jedes Jahr daraufhin überprüfen zu lassen, ob sie noch wasserdicht ist. Bei Quarzwerken kann dies unter Umständen auch erst beim Batteriewechsel erfolgen. Mechanische Uhrwerke benötigen zudem alle fünf bis acht Jahre eine Reinigung und Schmierung der Lager, um dem Verschleiß zuvorzukommen.

Träume in Flakons – Düfte

Sich verwöhnen und ein Hauch von Luxus – das sind Düfte! Und wer hat so etwas nicht gerne? Deshalb sind Düfte ein ideales Geschenk für fast jedermann und jederfrau! Nur: Wie findet man einen passenden Duft? Denn was dem einen gefällt, kann der andere noch lange nicht riechen. Mit den folgenden Tipps kommen Sie garantiert dem richtigen Duft auf die Spur!

Einfach nachfragen

Wer immer einen bestimmten Duft verwendet, will von diesem in der Regel auch nicht abweichen. In dem Fall lohnt es sich, z. B. den Partner des zu Beschenkenden zu fragen, welchen Duft die Person verwendet. Oder Sie suchen beim nächsten Besuch einmal ganz unauffällig das Badezimmer auf und schauen sich dort um ... Dann fragen Sie in der Parfümerie nach, was es von diesem Duft alles gibt. Zu vielen Düften sind nämlich inzwischen nicht nur die recht teuren Parfüms selbst im Handel, sondern auch etwas preisgünstigere Bodylotions, Duschgele und, und, und – eben alles für das ringsum perfekte Dufterlebnis!

Das passende Parfüm

Sie wollen Ihre Freundin oder Ihren Partner mit einem neuen Duft überraschen und wissen auch, dass diejenigen nicht auf einen bestimmten Duft eingeschworen sind? Dann ist Ihre Nase gefragt, um für diese Person das passende Parfüm auszuwählen. Und das ist gar nicht so einfach. Jemand, der schüchtern ist, fühlt sich bestimmt nicht mit einem kühlen, aggressiven Duft wohl, sondern eher mit einer blumigen Mischung. Selbstbewusste Draufgänger dagegen langweilen sich schnell mit einem Duft, der als diskret und zart bezeichnet wird. Die nebenstehende Tabelle ist vielleicht für Ihren Einkauf hilfreich.

Kleiner Duftberater

Zu welchem Typ passt welche Art von Parfüm? Diese Tabelle gibt Aufschluss. Vieles kann man allerdings nicht pauschal sagen, sondern muss man einfach ausprobieren. Also: Schnuppern Sie!

Für Frauen

Der zurückhaltende Typ:

Sie bevorzugt romantische und natürliche Düfte der Kategorie blumig-fruchtig, wie z. B. Grapefruit, Ananas, Mandarine, Veilchen, Maiglöckchen, Iris und Patchouli.

Die Selbstbewusste:

Zu ihr passen extravagante, raffinierte Düfte aus der Kategorie der Chyprefamilie, d. h. fruchtig-frische Düfte, aber auch orientalische Düfte, wie Moschus, Süßholz, Ingwer und Weihrauch.

Die Dame:

Ihr Typ wird am besten durch klassische, blumig-frische und etwas süßliche Düfte unterstrichen, wie etwa durch Rosen, Pfingstrosen, Vanille, Iris und Ambra. Aber auch Aldehyddüfte eignen sich sehr gut.

Die Sportliche:

Zu ihr passen grüne, frische Düfte der Unisex-Kategorie, wie z. B. Bergamotte, Wassermelone, Zitrus und Grapefruit.

Die Romantische:

Sie bevorzugt würzig-warme sowie blumige Düfte, wie Gardenien, Magnolien, Rosen, Maiglöckchen, Ambra, Ingwer, Muskat und Sandelholz.

Die Verführerische:

Sie unterstreicht ihren Typ durch orientalische, schwere Düfte, wie Tuberose, Lavendel, Moschus, Sandelholz und Ingwer.

Für Männer

Der zurückhaltende Mann:

Zu ihm passen frische Düfte, wie Zitrone, Mandarine, Lavendel und Moos.

Der Selbstbewusste:

Er betont seinen Typ durch orientalische, würzige Düfte und Aldehyddüfte.

Der Herr:

Er bevorzugt ledrige, holzige Düfte, wie Bergamotte, Zedernholz und Moschus.

Der Sinnliche:

Zu ihm passen würzig-orientalische Düfte und exotische Hölzer, wie z. B. Moschus, Amber, Moos, Patchouli, Orangenblüten, Koriander und Zimt.

Der Sportliche:

Zu ihm passen frische Düfte wie Meeresalgenextrakte oder holzige, wie Lavendel, Amber und Sandelholz.

Wussten Sie übrigens, dass männliche Nasen weniger sensibel sind als weibliche?

Verschiedene Duftrichtungen

Natürlich gibt es tausend und mehr verschiedene Düfte. Viele Düfte lassen sich aber einer der folgenden Duftrichtungen zuordnen:

Aldehyddüfte:

Das ist die Bezeichnung für den gemeinsamen Duftcharakter einer Gruppe von Riechstoffen, die der Chemiker als aliphatische Aldehyde und der Parfümeur als Aldehyde bezeichnet. Man könnte diesen Duft als chemisch, kühl und wachsartig beschreiben. Er lässt ein Parfüm sehr weich und verschwommen erscheinen. Parfümeure setzen Aldehyde gerne in einer sehr hohen Konzentration ein. So entsteht ein Effekt, der die Konturen der anderen Duftbestandteile verschleiert und dem Parfüm eine ganz besondere Note gibt. Zusammen mit holzigen und vanilleartig-süßen Noten entsteht ein „pudriger" Effekt. Das erste Parfüm, bei dem Aldehyde eingesetzt wurden, ist das berühmte Chanel No. 5.

Blumige Düfte:

Darunter versteht man alle natürlichen Blumendüfte, hauptsächlich Rose, Jasmin, Narzisse, Ylang-Ylang, Tuberose, Iris, Nelke usw.

Blumig-fruchtige Düfte:

Das sind Düfte, in denen die fruchtigen Elemente zum Teil sehr dominieren und den Charakter bestimmen, wie z. B. Ananas, Apfel und Aprikose.

Blumig-frische Düfte:

Hierzu zählen alle blumigen Themen mit frühlingshaft leichtem Einschlag, wie Hyazinthe, Orangenblüte und Maiglöckchen. Manchmal sind sie auch mit Bergamotte- oder anderen Citrus-Komponenten verbunden.

Chypre-Düfte:

Von Francois Coty stammt das Parfüm gleichen Namens, das er 1917 kreierte und das heute nicht mehr erhältlich ist. Der Grundakkord bestand aus Bergamotte, Rose, Jasmin und vor allem Patchouli und Eichenmoos. Diesen Akkord haben Parfümeure seitdem immer wieder verändert und es entstand dadurch die Charakterbezeichung der Chypre-Düfte. In diesen Parfüms herrschen herbe und frische Düfte vor.

Chypre-fruchtige Düfte:

Darunter versteht man schwere, fruchtige Düfte, die z. B. pfirsichhaft duften und lange haften.

Chypre-blumige Düfte:

Dieser Variante liegt meistens ein Gardenien-Akkord zu Grunde. Rosen sind tonangebend und Patchouli bestimmt den Charakter.

Chypre-frische Düfte:

Diese Chypre-Variationen sind von herb-koniferenartigen Akzenten geprägt.

Grüne Düfte:

Hier steht der Geruch von Gräsern und Blättern sowie anderer grüner Pflanzenteile (teilweise sogar von grünem Gemüse!) im Vordergrund. Sie werden oft für die frische und herbe Komponente vieler Parfüms verwendet.

Orientalisch-würzige Düfte:

Dies stellt die schwerste Duftrichtung dar. Viele Männerdüfte unterliegen dieser Kategorie. Um eine weibliche Ausstrahlung zu erreichen, werden sie durch hohe Anteile an blumigen Akkorden, wie z. B. Ylang-Ylang oder Jasmin, ergänzt.

Wussten Sie übrigens, dass viele Menschen im Sommer frische oder grüne Düfte bevorzugen und im Winter eher schwere, blumige?

Grundsätzlich unterscheidet man einen Duft nach seiner Kopf-, Herz- und Basisnote:

- Die Kopfnote: Das ist der Duftauftakt, der als erster Eindruck in die Nase steigt.
- Die Herznote: Diese entfaltet sich einige Minuten nach Auftragen des Parfüms.
- Die Basisnote: Sie hinterlässt den anhaltendsten Eindruck und hält stundenlang.

Außerdem gibt es Parfüms, die ihre Wirkung eher im Sommer entfalten und andere eher bei Kälte. Wussten Sie, dass Düfte bei Kälte schneller verfliegen als in der Wärme und dass man Parfüm nie vor einem Sonnenbad auflegen darf, weil sonst hässliche braune Flecken die Folge sein könnten?

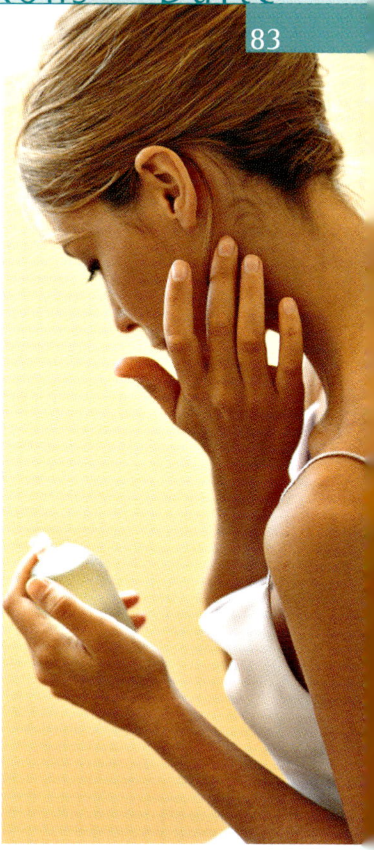

Der Parfümkauf

Probieren Sie Düfte möglichst vormittags aus, dann ist Ihre Nase noch „rein". Erklären Sie am besten die ungefähre Richtung, die Ihnen vorschwebt, eine gute Parfümverkäuferin wird Ihnen dann die entsprechenden Düfte heraussuchen. Am besten riechen Sie erst einmal am Stöpsel, ob Ihnen der Duft überhaupt sympathisch ist, und sprühen ihn erst dann auf die Haut auf. Probieren Sie nie mehr als fünf bis sechs Düfte aus, weil sonst Ihre Nase überfordert wird. Natürlich können Sie den Duft auch erst einmal auf einem Papierstreifen, einer Feder oder einem Tuch testen, richtig entfalten tut er sich allerdings erst auf der Haut und hier riecht er bei jeder Person etwas anders.
Bringen Sie für den Parfümkauf ausreichend Zeit mit und entscheiden Sie erst ungefähr eine Viertelstunde nach dem Aufsprühen, ob Ihnen der Duft zusagt oder nicht, denn erst dann ist der Alkohol verflogen und der Duft hat sich so richtig entfaltet!

Eau de Toilette oder Parfüm?

Haben Sie sich für einen bestimmten Duft entschieden, dann werden Sie gefragt, ob Sie ein Eau de Toilette, Eau de Parfum oder Parfüm möchten. Diese unterscheiden sich wie folgt:

- Eau de Toilette enthält nur zwischen 5 und 8 Prozent Parfümöl und ist dadurch günstiger. Es eignet sich gut, wenn man erst einmal ausprobieren möchte, ob dem Beschenkten der Duft überhaupt gefällt. Wegen seines höheren Alkoholgehalts wirkt es sehr erfrischend und ist deshalb gut für den Sommer geeignet.
- Bei Eau de Parfüm beträgt der Anteil des Parfümöls etwa 15 Prozent. Der Preis liegt hier höher als bei Eau de Toilette, dafür ist aber auch das Dufterlebnis intensiver und man muss nicht so viel davon nehmen.
- Parfüm hat den größten Anteil an Parfümöl, und zwar bis zu 20 Prozent. Es wird in der Regel in kleinen Flakons angeboten und meistens nur mit den Fingerspitzen aufgetupft. Bei Parfüm hat man sehr lange etwas von seinem Lieblingsduft.

Hinweis

Besonders gut entwickelt sich der Duft übrigens an Stellen, an denen das Blut pulsiert, wie z. B. an Handgelenken, Armbeugen, Kniekehlen oder hinterm Ohr. Aber auch Haare sind ein guter Duftträger. Alle Naturfasern halten den Düfte lange, während sie bei synthetischen Stoffen rasch verfliegen.

Sag's mit Blumen

Über Blumen freut sich jeder! Sie duften zart, sehen wunderschön aus und zaubern in jede Wohnung ein bisschen Frühlingsatmosphäre. Deshalb: Lassen Sie Blumen sprechen und verschenken Sie einen üppigen Strauß!

Keine Peinlichkeiten

Bestimmten Blumen bzw. Blumenfarben werden gewisse Bedeutungen zugeschrieben. So weiß inzwischen jedes Kind, dass rote Rosen ein Zeichen der Liebe sind. Wenn Sie nun einer einfach nur guten Freundin oder einem Bekannten rote Rosen überreichen, dann könnte dies unter Umständen zu ziemlichen Verwirrungen führen. Aber bei der angebotenen Blumenvielfalt dürfte es keine Schwierigkeit sein, das Passende zu finden! Natürlich müssen Sie sich nicht sklavisch an diese Liste halten. Wenn die Lieblingsblumen Ihrer besten Freundin z. B. Narzissen sind, dann machen Sie ihr einfach eine Freude, wenn Sie ihr diese mitbringen, und wollen dadurch nicht etwa andeuten, dass sie Ihnen in letzter Zeit zu Ich-bezogen geworden ist.

Tipp

Beschenken Sie doch auch sich selbst einmal wieder mit einem wunderschönen Blumenstrauß! Denn nicht nur anderen, sondern auch sich selbst können Sie mit Blumen eine Freude machen!

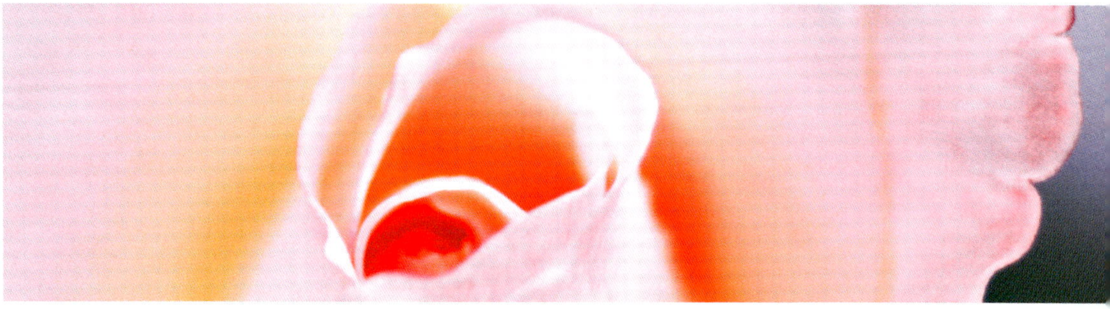

Blumen und ihre Bedeutungen

Flieder:
beginnende Liebe

Iris:
erfreuliche Nachrichten

Kamelie:
perfekte Schönheit (in Weiß)
Bewunderung (in Rosa)
Bedauern (in Rot)

Lilie:
Reinheit (in Weiß)
Eitelkeit (in Rosa)
Vornehmheit (in Gelb)

Maiglöckchen:
Rückkehr des Glücks

Mohn:
Tod, Schlaf

Narzisse:
Egoismus, Eitelkeit

Nelke:
Treue (in Weiß)
Eleganz (in Gelb)
gegenseitige Liebe (in Rosa)
brennende Liebe (in Rot)

Orchidee:
Sinnlichkeit, Luxus

Rose:
Reinheit, Unschuld, Treue (in Weiß)
Untreue (in Gelb)
Leidenschaft (in Rot)

Sonnenblume:
anbetende Liebe, unglückliche Liebe

Tulpe:
hoffnungslose Liebe (in Gelb)
Liebeserklärung (in Rot)

Bunte Sträuße

Schenken Sie Sträuße, die aus verschiedenen Blumen zusammengestellt wurden, gelten folgende Farbbedeutungen:

Weiß:
Symbol für Reinheit und Tod, aber auch Weitblick

Rosa:
Weiblichkeit, Zärtlichkeit, Ausdruck beginnender Gefühle

Gelb:
Kraft und Offenheit, heitert auf und soll das Denkvermögen fördern

Orange:
Kraft und Ausdauer, wirkt gesundheitsfördernd und leistungssteigernd

Rot:
Liebe, Lebensfreude, Romantik, Energie, wirkt anregend

Violett:
steht für alles Mystische, wirkt Kraft spendend und regenerierend

Blau:
wirkt beruhigend und kühlend

Tipps

Bevor Sie Rosen in eine Vase stellen, schneiden Sie sie noch mal schräg an und nehmen lauwarmes Wasser.

Tulpen stellt man am besten in eine nur halb volle Vase. Dann wachsen sie nicht mehr.

Geschenkkörbe

Ihre Freunde, die Sie zu einem Abendessen eingeladen haben, schwärmen immer noch von ihrem letzten Italienurlaub? Und Ihre kleine Schwester zieht in eine andere Stadt, um ihr Studium zu beginnen? Gerne würden Sie ihnen ja etwas schenken, aber Sie wissen nicht so recht, was? Wie wäre es mit einem Geschenkkorb? Den können Sie ganz individuell mit liebevollen Kleinigkeiten bestücken.

Eine individuelle Geschenkidee

Häufig werden Geschenkkörbe mit köstlichen Leckereien gefüllt. Das kann, muss aber nicht so sein. Sie können auch auf Hobbys oder Vorlieben des Beschenkten eingehen. Es gilt: Je gründlicher Sie sich Gedanken über den Inhalt machen, desto größer wird die Freude bei dem Beschenkten sein. Sollten Sie nur wenig Zeit haben, dann lohnt es sich, bei Kaufhäusern, Feinkostläden oder speziellen Geschäften für ausländische Lebensmittel nach Geschenkkörben zu fragen, denn diese bieten sie häufig in allen Arten und Preislagen an. Bestellen Sie die Körbe jedoch mindestens zwei Tage vorher!

Liebevoll dekoriert

Möchten Sie den Geschenkkorb selbst zusammenstellen, benötigen Sie natürlich einen passenden Korb. Dabei spielt es keine Rolle, ob es sich um einen Weiden-, Sisal- oder Drahtkorb handelt – Hauptsache, die Geschenke passen hinein! Je nachdem, wie tief der Korb ist, muss er

evtl. ausgepolstert werden, damit alles gut zur Geltung kommt. Dazu können Sie zusammengeknüllte Zeitung, Papier oder ein Handtuch nehmen. Steckschwämme aus dem Blumenhandel leisten gute Dienste bei spitzen Gegenständen, die stehen bleiben sollen, wie z. B. Pinsel und Blumen. Bevor Sie die Geschenke im Korb drapieren, legen Sie Geschenkpapier, Stoff, Heu oder Moos über die Polsterung. Besonders hübsch wird der Korb, wenn Sie ihn zusätzlich mit Stoff, Bändern, Schleifen, Blumen, Efeu oder Früchten dekorieren.

Geschenkkörbe für jedermann

Im Folgenden finden Sie einige Anregungen, wie Sie Geschenkkörbe bestücken können. Natürlich können Sie die einzelnen Bestandteile beliebig austauschen, weglassen oder ergänzen. Lassen Sie sich einfach von Ihrer Lust und Laune inspirieren!

Italienischer Korb
(wie abgebildet)
Cocktailtomaten, frische Peperoni, Basilikum, Spaghetti, Olivenöl (evtl. mit Kräutern), Kräuter- oder Balsamicoessig, Spaghettisauce, ital. Kaffee, Pesto, ital. Rotwein, ital. Salami, Antipasti im Glas, bunte Nudeln

Asiatischer Korb
Sake, Sakeschälchen, Tee, Essstäbchen, Glasnudeln, Reis, Shitake-Pilze, asiatische Gewürze, Ingwerwurzel, Sojasauce, Austernsauce, Soja- oder Bambussprossen im Glas, asiatisches oder Wokkochbuch, asiatische Papierservietten, dekorativer Fächer

Bayrischer Korb
Brezeln, Semmeln, Landjäger, bayrischer Käse, Griebenschmalz, Rettich, Radieschen, Bier, Brotzeitbrettchen, Messer, karierte Servietten

Gourmet-Korb
edle Flasche Wein, Champagner, Lachs, Kaviar, Schnecken, geräucherte Forelle, Sardellen, Trüffel, Schwarzwälder Schinken, teure Pralinen, besonderer Senf oder Meerrettichsahne

Für den Tee-Liebhaber
verschiedene Teesorten, Kandiszucker, Teezucker, in Rum eingelegter Zucker, Teefilter oder Teesieb, Teekanne, Teetassen

Früchtekorb
einheimische und exotische Früchte (auch getrocknet), Nüsse, Glas mit Rumtopf, Marmelade, Blumen

Für den Hobbygärtner
kleine Hacke und Schaufel, Blumendünger, Gartenhandschuhe, Rosenschere, Samen und Blumenzwiebeln, Blumen- oder Kräutertopf

Für Schuh-Fans
Bürste, Wildlederbürste, Lappen, verschiedene Schuhcremes, Imprägnierspray, Schuhspanner, Spray für zu enge Schuhe

Für Wasserratten
Handtuch, Liegetuch, Flip-Flops, kleines Duschgel und Shampoo, Bürste, Kamm, Sonnenöl, Eintrittskarten oder Gutscheine fürs Schwimmbad

Für Fotofreaks
Fotoapparat, Filme, Gutscheine für die Entwicklung, Fotoalbum, Klebeetiketten, Stift, Biografie berühmter Fotografen, Vorsatzfilter für die Kamera

Für Radfahrer
Fahrradkorb für vorne oder hinten, Radlerbrille, Klingel, Fahrradcomputer, Trinkflasche, Radwanderkarte bzw. Tourentipps, Fahrradwerkzeug, Luftpumpe, Lenkradstangentasche, Radleroutfit, Fahrradhelm

Zur bestandenen Führerscheinprüfung
Verbandskasten, Warndreieck, Autoatlas, Parkscheibe, Antibeschlagtuch, Autohandschuhe, Abschleppseil, Eiskratzer, Starthilfekabel

Für den Hobbyhandwerker
Werkzeuge, Nägel, Schrauben, Säge, Zollstock, Klebeband, Klebstoff, Schnur, Wasserwaage, Spachtel, Elektrowerkzeuge vom Bohrhammer bis zur Bandfräsmaschine

Für den Künstler
Farben, Wachskreiden, Bleistifte, Pinsel, Lappen, Terpentin, Staffelei, Palette, Leinwand, Karton, Zeichenblock, Fachliteratur, Bildbände

Für Studenten
Schultüte, Stifte, Lineal, Schreibblock, Radiergummi, Taschenrechner, Studentenfutter, Traubenzucker, Aspirin, Zeitungs- bzw. Zeitschriftenabo (Studententarife erfragen), Fachliteratur, Hochprozentiges in studentengerechter Verpackung

Schönheitskorb
Badezusatz, Körperlotion, Nagelschere oder -feile, Nagellackentferner, Schwamm, Watte, Kosmetiktücher, Gelbrille, Puderquaste, Spiegel, Vergrößerungsspiegel, Pinzette, Kamm, Bürste, Haarband zum Schminken, dekoratives Handtuch

Geschenke für Kinder

Für Kinder sind Geschenke häufig viel spannender und aufregender als für Erwachsene, denn ihr Taschengeld reicht nur für eine begrenzte Anzahl von Wünschen aus. Deshalb bringt das richtige Geschenk Kinderaugen garantiert zum Leuchten. Nur: Was ist das „richtige" Geschenk?

Ganz wichtig: das Alter

Das Alter des Kindes spielt beim Schenken eine wichtige Rolle. Handelt es sich um ein Baby, freuen sich ja eher die Eltern über das Mitbringsel, deshalb darf es ruhig etwas Praktisches sein. Aber je älter das Kind ist, desto genauer weiß es, was es will, und desto anspruchsvoller werden die Wünsche. Und das, was zu Ihrer Kindheit in war, kann heute schon längst wieder out sein. Fragen Sie deshalb am besten das Kind selbst oder dessen Eltern, was auf dem Wunschzettel steht. Toll sind natürlich Geschenke, mit denen das Kind möglichst lange und oft spielen kann.

Sicherer Spielspaß

Achten Sie bei Stofftieren oder Puppen unbedingt darauf, dass sich keine Kleinteile, wie z. B. aufgenähte Augen, lösen können. Gerade bei Babys besteht sonst die Gefahr, dass sie diese Kleinteile verschlucken. Wichtig ist außerdem bei allen Spielsachen der pädagogische Wert und dass sie TÜV-geprüft sind. Das GS-Siegel gibt darüber Aufschluss. Spielzeug aus Holz muss unbedingt giftfrei lackiert sein. Nur so ist ein sicherer Spielspaß gewährleistet!

Luftballons & Co.

Auch wenn sich die meisten Kinder sofort über das Päckchen hermachen und das Papier herunterreißen, finden sie es toll, wenn ihr Geschenk hübsch verpackt ist. Wobei Verpackung in diesem Fall nicht heißt, dass Sie einfach nur lustiges Kindergeschenkpapier verwenden. Verzieren Sie das Päckchen zusätzlich mit lustigen Luftballons, leckeren Süßigkeiten oder kleinen Spielsachen – das begeistert Groß und Klein garantiert!

Geschenkideen für jedes Alter

Babygeschenke

Babykleidung, Babydecke, Kinderbettwäsche, Säuglingshandtuch, Infrarotlampe, naturbelassenes Schafffell, Mobile, Greifring, Spieluhr mit Musik, Rassel, Beißring, einfaches Stofftier, Bilderbuch aus Plastik, Hampelmann, lustige Wärmflasche

1 bis 3 Jahre

Bilderbücher, Bauklötzchen, Stofftiere, einfache Puppen, Ball, Kugelspiel aus Holz, Puppenstube, Ritterburg, Parkhaus, Schaukelpferd, Schwimmtiere für die Badewanne, große Autos, Holzeisenbahn, Kreisel, Spielsachen zum Hinterherziehen, Schlitten, Dreirad, Schubkarre, Schaukel mit Babysitz, Sandkasten und Sandkastenspielzeug, kleines Holzpuzzle

Kindergartenalter

anspruchsvollere Bilderbücher, Malsachen, Puppen und Puppenzubehör, Aufziehautos, Bauklötze zum Zusammenstecken, Handpuppen, Puppentheater, Kaufladen bzw. Kaufladenzubehör, Hörspielkassetten, Roller, Schaukel, Rutsche, dem Alter entsprechendes Puzzle, Zelt, Plantschbecken, Schwimmring, Kassettenrekorder, Kindergartentasche und -flasche

Grundschulalter

Bücher, ferngesteuerte Autos, Stelzen, Fahrrad, dem Alter entsprechende PC-Spiele, Experimentierkasten, Frisierkopf, Gesellschaftsspiele, Poesiealbum, Kartenspiele, Boccia, Puzzle, Federball, Inlineskates, Fußball, Frisbee, elektrische Eisenbahn, Autorennbahn

Ab 10 Jahre

PC-Spiele und PC-Zubehör, Mikroskop, Spielekonsole, Walkman, Fernglas, Bücher, Videofilm, CDs, CD-Ständer, Modellbaukasten, ggf. Eisenbahnzubehör, Fahrradzubehör, diverses Sportzubehör, einfacher Fotoapparat, Schlafsack für die Jugendfreizeit

Noch mehr Ideen ...

Sie wollen ein Geschenk kaufen, aber bei den vorne aufgeführten Ideen war einfach noch nicht das Passende dabei? Dann lassen Sie sich von den hier vorgestellten Vorschlägen inspirieren. Bestimmt finden Sie etwas Geeignetes für Ihren Anlass und Ihren Geldbeutel. Oder Sie lassen sich durch diese Liste zu weiteren, tollen Ideen anregen – noch besser!

Geschenkideen von 1 Euro bis 10 Euro

Mit diesen kleinen Mitbringseln erfreuen Sie Gastgeber bei Einladungen, Ihre Freundin zwischendurch und zeigen jemandem, dass Sie an ihn gedacht haben:

- duftende Seife fürs Gästebad
- ausgefallene Honigsorten für Leckermäuler
- spannendes Taschenbuch für Krimi-Fans
- lustiges Kartenspiel für kleine und große Kinder
- hübsche Papierservietten bei einer Essenseinladung
- warme Socken oder Strümpfe für Frostbeulen
- köstlichen Tee für gemütliche Teestunden
- leckere Pralinen für ganz Süße
- zart duftende Kerzen für alle, die etwas Licht in ihrem Leben brauchen
- Filme zum Fotografieren für die schönsten Momente im Leben
- Topfuntersetzer oder Topflappen für Hobbyköche
- Wander- oder Autokarten für alle, die es in die Ferne zieht
- witzige Nudeln für den nächsten Italien-Abend
- asiatische Essstäbchen, wenn chinesische Köstlichkeiten auf dem Speiseplan stehen
- Notiz-, Gäste- oder Adressbuch für alle, die etwas vergesslich sind
- Gartenfackeln für laue Sommerabende

Geschenkideen von 10 Euro bis 50 Euro

Bei einer Geburtstagseinladung oder zu Weihnachten machen Sie mit diesen Geschenken lieben Menschen eine Freude:

- Gartengeräte oder Gießkanne, um die Sommersaison im Garten zu eröffnen
- Brettspiel oder Kartenmischmaschine für alle mit Spieltrieb
- hübsches Gewürzregal für die Würze im Leben
- informativen Freizeitatlas, um die nähere Umgebung kennen zu lernen
- Kulturbeutel oder Reise-Schuhputzset für alle, die viel unterwegs sind
- kuscheliges Bade- oder Saunahandtuch für alle, die sich mal wieder verwöhnen wollen
- spannenden Film auf Video oder DVD für alle, die es sich zwischendurch gerne vor dem Fernseher gemütlich machen
- persönliches Horoskop für alle, die gerne mehr über sich und ihre Zukunft wissen wollen
- Salatschüssel, -schleuder oder Besteck für den Vitaminstoß zwischendurch
- witzige Fußmatte oder schönes Türschild für alle, die gerade umgezogen sind
- Picknickkorb, weil es kaum etwas Schöneres gibt, als sich beim Essen die Sonne auf die Nase scheinen zu lassen
- Schaumschläger für Cappucchino-Milch, weil der Muntermacher damit einfach besser schmeckt
- Cityroller für all diejenigen, die ständig auf Achse sind
- Füller oder Kugelschreiber und Briefpapier, weil sich jeder über Post freut
- Sporttasche für denjenigen, der endlich die guten Vorsätze in die Tat umgesetzt hat
- lauten Wecker für alle Morgenmuffel
- funktionelle Buchstützen für Leseratten

Geschenkideen für 50 Euro und mehr

Für einen ganz besonderen Anlass oder eine ganz besondere Person sind Sie sicher auch bereit, etwas tiefer in die Tasche zu greifen. Wenn Sie solch teure Geschenke machen, dann wissen Sie in der Regel ganz genau, was sich der andere wünscht. Ein paar Anregungen schaden aber trotzdem nichts:

- silberner Kerzenleuchter, weil der jedes Zimmer schmückt
- besonderes Tafelservice, weil sich das häufig niemand ganz alleine gönnt
- zarte Kristallgläser, weil Wein daraus einfach besser schmeckt
- Messerset oder -block für alle, die gerne in der Küche wirbeln
- Handy, um für alle Lieben immer und überall erreichbar zu sein
- edle Bettwäsche, damit der Sonntag im Bett richtig gemütlich wird
- kuscheliger Bademantel, weil der unerlässlich für einen Wohlfühl-Tag zu Hause ist
- hübsche Gartenbank für einen Platz an der Sonne

Geschenke toll verpackt

Das passende Geschenk haben Sie bereits gefunden, kein Problem. Jetzt sind Sie nur noch auf der Suche nach einer passenden Geschenkverpackung, die dem Beschenkten zeigt, dass er Ihnen zusätzlich ein kleines bisschen Zeit und Mühe wert ist. Dann lassen Sie sich von den hier gezeigten Ideen inspirieren. Sie werden sehen: Die kleinen Kunstwerke sind zum Auspacken fast zu schade!

Zum Auspacken fast zu schade

„Oh, sieht das fantastisch aus!" – solche Reaktionen werden Sie bestimmt bekommen, wenn Sie beim nächsten Mal ein wunderschön und individuell verpacktes Geschenk überreichen. Dabei ist es eigentlich ganz einfach, kleine Kunstwerke aus Papieren, Bändern & Co. zu zaubern. Lassen Sie sich von den hier gezeigten Ideen inspirieren!

Legen Sie sich zu Hause am besten einen Vorrat an neutralem Geschenkpapier und Bändern an, damit Sie für den Notfall – sprich: eine kurzfristige Einladung – immer gut gerüstet sind!

Wertschätzung

Sicher haben Sie sich viele Gedanken gemacht, was Sie verschenken wollen. Wenn Sie das Geschenk dann aber einfach unverpackt oder gar in einem Plastikbeutel übergeben, dann entsteht trotzdem leicht der Eindruck, dass Sie sich kaum Mühe gegeben haben – und das wäre furchtbar schade! Deshalb sollten Sie Geschenke grundsätzlich immer hübsch und liebevoll verpacken. Dafür brauchen Sie nicht einmal besonders viel – auch aus Zeitungspapier und Alufolie lassen sich z. B. tolle Geschenkverpackungen kreieren!

Bunte Papier-Vielfalt

Im Handel sind unterschiedliche Papiere in einer riesigen Farbauswahl erhältlich. Manche Papiere sind sehr anschmiegsam, andere dagegen, wie Lack- oder Metallicpapier, eher störrisch. Deshalb überlegen Sie sich vorher, welches Papier am besten für Ihr Geschenk geeignet ist. Seidenpapier lässt sich zum Beispiel gut knautschen, während Packpapier und handgeschöpftes Papier sich besonders gut für Faltungen eignen. Polypapier lässt sich der Länge nach spalten, reißt nicht und ist sogar wasserfest.

Schleifen und Bänder

Kaum eine Geschenkverpackung kommt ohne üppige Schleifen oder raffiniert geschnürte Bänder aus. Aber auch hier ist die angebotene Vielfalt unendlich. Die überall erhältlichen Kräuselbänder (auch Poly- oder Ringelbänder genannt) lassen sich z. B. besonders gut ringeln. Dazu ziehen Sie sie einfach über eine Schere. Mithilfe eines Bandsplissers lassen sich diese Bänder auch gut spalten. Spitzen- und Tüllbänder fallen besonders weich und locker über das Geschenk, während sich aus Seidenbändern und Schmuckbändern aus Kunstseide wunderschöne Schleifen binden lassen.

Verwenden Sie bei Ihren Geschenkverpackungen aber auch einmal andere Dekorationsmaterialien, wie z. B. Federn, Bast, Pfeifenreiniger, Stoffblumen, Tortenspitzen, Plastikherzen, Engelshaar, Perlenketten usw. Ihrer Fantasie sind hier keine Grenzen gesetzt!

Was schreib ich bloß?

Zu jedem Geschenk gehört natürlich auch ein passendes Kärtchen. Das ist besonders dann wichtig, wenn Sie zu mehreren ein Geschenk machen oder wenn Sie auf eine größere Feier eingeladen sind und davon auszugehen ist, dass der Beschenkte reichlich mit vielen bunten Päckchen bedacht wird. Die große Frage, die sich dann aber immer stellt, ist: „Was schreib ich bloß?"

Hier einige Anregungen für witzige Kartentexte:

- Sicher hast du dein ganzes Geld für deine Party ausgegeben! Wir haben extra für dich gesammelt. Florian, Sina und Sebastian haben alle was dazugegeben!
- Für dein neues Lebensjahr wünsche ich dir 365 märchenhafte Tage – und natürlich auch 365 tolle Nächte.
- Wie alt bist du geworden? Nicht zu fassen! Trotzdem alles Gute zum Geburtstag!
- Wein wird auch immer besser, je älter er wird! Sei nicht traurig!

Grundanleitung für die Geschenk-Verpackungen

Das Geschenk auf die Mitte des Geschenkpapiers legen. Das Geschenkpapier sollte auf allen Seiten so weit überstehen, dass es beim Einschlagen die Höhe und Breite des Geschenks abdeckt. Das Geschenk in das Papier einwickeln und dieses überlappend mit doppelseitigem Klebeband aufeinander kleben.

Dann die Seiten verschließen, indem das Papier von beiden Seiten über die Päckchenkante zur Mitte hin eingeschlagen wird. So entsteht oben und unten je ein Dreieck aus dem überstehenden Papier. Die Kanten der Dreiecke zwischen Daumen und Zeigefinger durchziehen, damit das Papier schön flach zusammengedrückt wird.

Die Dreiecke umknicken und auf dem Päckchen festkleben.

Tolle Schleifen

Tolle Schleifen gehören einfach auf jedes Geschenk. Wie praktisch, dass sie ganz einfach zu binden sind. So geht's:

Einfache Schleife ▶

Die beiden Bandenden über Kreuz zusammenlegen. Dann die Schleife in der Mitte zusammenraffen und mit einem Stück Golddraht oder Band abbinden.

Tipp

Verwenden Sie für die Geschenk-Verpackungen am besten doppelseitiges Klebeband. Dieses verschwindet unsichtbar unter dem Papier und Ihr Geschenk sieht so einfach perfekt aus! In den folgenden Materiallisten wird dieses aber nicht mehr extra mit aufgeführt!

◀ Mehrfache Schleife

Das Band flach auf die Arbeitsfläche legen, dabei eines der Bandenden länger als das andere lassen. Die Bandenden überkreuzen und in der Mitte zusammenraffen. Mit dem längeren Bandende an jeder Seite noch mehrere Schlaufen mit dazulegen und die Mitte der Schleife mit Golddraht oder Band abbinden.

Flaschenverpackungen

Gehören Sie auch zu den Leuten, die zu Hause einen kleinen Vorrat an Wein-, Sekt- und Likörflaschen haben, die sich prima als kleines Mitbringsel für eine kurzfristige Einladung eignen? Mit diesen tollen Verpackungen sehen die Flaschen aber keinesfalls nach einem Verlegenheitsgeschenk aus. Ganz im Gegenteil – auspacken möchte diese kleinen Kunstwerke eigentlich keiner!

Grüne Flaschenverpackung

Material

- *Geschenkpapier in Grün*
- *Geschenkband in Hellgrün, 40 mm breit*

Die Flasche in der Schachtel nach der Grundanleitung verpacken und mit dem Geschenkband verschnüren. Dann zwei Bandabschnitte einknoten. Zusätzlich aus dem Geschenkband zwei doppelte Schleifen anfertigen und diese ebenfalls oben mit einknoten.

Blaue Flaschenverpackung

Material

- *Geschenkpapier in Blau*
- *Geschenkband in Grün, 25 mm breit*
- *Satinband in Grün, 3 mm breit*

Die Weinflasche so in das Papier einrollen, dass das Papier in der Länge über die Flasche hinausragt. Das überstehende Papier flach ausstreichen, in der Ziehharmonikatechnik falten und nach vorne umknicken. Geschenkband unter der Fächerfaltung mit Klebefilm befestigen, um die Flaschenverpackung herumführen und oben ebenfalls mit Klebefilm befestigen. Dann aus dem Geschenkband eine mehrfache Schleife anfertigen. Diese mit Satinband abbinden und die Schleife auf der Flasche befestigen.

Bastverpackung für Bocksbeutel-Flaschen

Material

- *Geschenkfolie*
- *Bast in Natur*

Für eine Bocksbeutelflasche braucht man ca. 1 m Folie. In die Mitte der Folie etwas Bast legen, die Flasche darauf stellen und die Folie oben mit mehreren Bastfäden zusammenbinden.

Italienische Flaschenverpackung

Material

- *Geschenkfolie*
- *Bast in Natur*
- *Seidenpapier in Grün*
- *Muscheln*
- *Geschenkband in Grün-Weiß-Rot, 15 mm breit*

Das Seidenpapier auf ca. 1,10 m Geschenkfolie legen. Zusätzlich ca. 50 cm Folie knüllen, diese auf das Seidenpapier legen und darauf die Weinflasche stellen. Vor die Flasche etwas Bast und ein paar Muscheln legen. Die Folie oben mit Bast zusammenbinden und an den Bastenden jeweils eine Muschel befestigen. Darüber das Geschenkband binden und in die Bandenden Knoten machen.

Buchverpackungen

Bücher sind immer wieder beliebte Geschenke, ob es sich nun um den neuesten Roman oder einen wunderschönen Bildband handelt. Besonders dekorativ sehen sie aus, wenn sie nicht einfach nur in Papier eingeschlagen, sondern mit schnell gefalteten Papierfächern verziert werden.

Buchverpackung mit drei Fächern

Material

- *zweifarbiges Geschenkpapier in Blau (Vorderseite Dunkelblau, Rückseite Hellblau)*
- *Geschenkband in Rosa, 15 mm breit*

Das Buch nach der Grundanleitung verpacken und mit dem pinkfarbenen Geschenkband verschnüren. Dann aus dem Papier einen 3 cm x 80 cm großen, einen 5 cm x 80 cm großen und einen 9 cm x 80 cm großen Streifen ausschneiden. Die Streifen alle in 2 cm breite Ziehharmonikafalten legen. Die noch zusammengefalteten Streifen an einer Seite mit der Schere abrunden, sodass an der Oberkante ein Wellenmuster entsteht. Die in Ziehharmonikafalten gelegten Papierstreifen zu Fächern falten und hintereinander mit Klebstoff auf das Päckchen kleben.

Buchverpackung mit rundem Fächer

Material

- *Geschenkpapier in Zartrosa*
- *Geschenkpapier mit zartem Blütenmuster*
- *Schleifenband in Rosa-Hellblau gestreift, 25 mm breit*

Das Buch nach der Grundanleitung verpacken und mit dem Geschenkband verschnüren. Vom gemusterten Geschenkpapier einen 20 cm x 70 cm breiten Streifen abschneiden und diesen der Länge nach falten. Das gefaltete Papier in 2 cm breite Ziehharmonikafalten legen und die offene Seite schräg abschneiden, sodass quasi ein Zackenmuster entsteht. Den Streifen zu einem Kreis legen und an den Seiten (am besten nur an einigen Stellen) zusammenkleben. Den Fächerkreis über die Mitte des verknoteten Bandes legen, die Schleifenbandenden durch die Mitte ziehen und zu einer einfachen Schnürsenkelschleife binden. Die Bandenden schräg abschneiden.

Buchverpackung mit halbem Fächer

Material

- *Geschenkpapier in Blau mit zarten Streifen*
- *Taftband in Pink, 25 mm breit*

Das Buch nach der Grundanleitung verpacken und mit dem Taftband verschnüren. Aus dem Geschenkpapier einen 20 cm x 70 cm großen Streifen ausschneiden, der Länge nach falten und in ca. 2 cm breite Ziehharmonikafalten legen. Den gefalteten Streifen zu einem Halbkreis legen, um den Bandknoten legen und auf dem Papier festkleben.

Schachtelverpackungen

Ob Pralinen, ein Parfüm oder ein seidener Morgenmantel – viele Geschenke sind bereits in Schachteln verpackt. Diese sehen aber häufig nicht besonders dekorativ aus. Hüllen Sie die Schachteln deshalb in edle Papiere und dekorieren Sie sie mit üppigen Schleifen! Das geht verblüffend einfach und sieht fantastisch aus!

Verpackung mit drei Schleifen

Material

- *Geschenkpapier in Rosa-Weiß gestreift*
- *Taftband in Pink, 25 mm breit*

Das Geschenk nach der Grundanleitung verpacken. Das Taftband in drei Teile schneiden, in gleichmäßigen Abständen um das Paket binden, verknoten und jeweils zu einer einfachen Schleife binden.

Rosafarbene Verpackung

Material

- *Geschenkpapier in Rosa*
- *Geschenkfolie*
- *Geschenkband in Rosa, 45 mm breit*
- *Taftband in Rosa, 15 mm breit*
- *Taftband in Pink, 10 mm breit*
- *Organzaband in Weinrot, 40 mm breit*
- *Kräuselband in Rosa*
- *Kokosfasern in Natur*

Das Geschenk nach der Grundanleitung verpacken und mit dem 15 mm breiten Taftband verschnüren. 60 cm Geschenkfolie etwas zusammenknüllen und unter das Taftband schieben. Aus dem Geschenkband und dem Organzaband jeweils eine einfache und aus dem pinkfarbenen Taftband eine doppelte Schleife binden. Die Schleifen mit Kräuselband zusammenbinden und an das Taftband binden. Zum Schluss Kokosfasern hinter die Schleifen stecken.

Passende Geburtstagskarte

Material

- *Doppelkarte in Rosa, 12 cm x 17 cm*
- *Schreibmaschinenpapier*
- *Pergamentpapier, 17 cm x 17 cm*
- *Satinband in Rosa, 3 mm breit*
- *Ecklocher mit Lilien-Motiv*
- *Konturenschere*

Vom Deckblatt der Karte einen 3,5 cm breiten Steifen abschneiden und die Ecken der Rückseite mit dem Ecklocher lochen. Die Geburtstags-Glückwünsche auf Schreibmaschinenpapier schreiben (z. B. mit dem Computer), rund (ø 7,5 cm) mit der Konturenschere ausschneiden und auf das Deckblatt der Karte kleben. Zum Schluss das gefaltete Pergamentpapier mit Satinband in die Karte einbinden.

Blaues Paket mit Schleifen und Perlenschnur

Material

- *Geschenkpapier in Blau*
- *Schleifenband in Dunkelblau, 40 mm breit*
- *Kräuselband in Rosa*
- *Perlenschnur mit Perlen in Rosa und Pink*

Das Geschenk nach der Grundanleitung verpacken und mit dem Geschenkband verschnüren. Aus dem Schleifenband in Dunkelblau eine mehrfache Schleife (siehe Seite 95) anfertigen und diese mit dem Kräuselband an der Verschnürung festbinden. Die Perlenschnur in der Mitte der Schleife befestigen.

Ganz andere Geschenkverpackungen

Geschenke müssen nicht immer in Geschenkpapier oder Geschenkfolie eingepackt werden. Auch in Heimwerker- oder Garten-Center finden sich witzige und originelle Materialien, aus denen Sie ungewöhnliche Geschenkverpackungen kreieren können, die toll aussehen.

Verpackung mit Gartenluftpolsterfolie

Material

- *Geschenkpapier in Weiß*
- *Gartenluftpolsterfolie*
- *Geschenkband in Weiß mit Drahträndern in Silber, 7 cm breit*
- *Satinband in Weiß, 3 mm breit*

Das Geschenk zuerst komplett in weißes Geschenkpapier einpacken. Dann das Geschenk in die Luftpolsterfolie einwickeln und die Enden links und rechts mit Satinband abbinden. Das breite, weißsilberne Geschenkband an der linken Seite beginnend um den abgebundenen Teil schlingen, danach einmal lose um das ganze Paket und zum Schluss um den rechten abgebundenen Teil.

Hinweis

Für all diese Geschenkverpackungen sollte Ihr Geschenk in eine rechteckige Schachtel verpackt sein. Ist dies nicht der Fall, so suchen Sie einfach eine Schachtel in passender Größe.

Vlieseline®-Verpackung

Material

- *dicke Vlieseline® in Weiß mit Rauten*
- *2 Wachsperlen in Weiß, ø 6 mm*
- *dünner Silberdraht*
- *Kräuselband in Weiß-irisierend*

Das Geschenk so in die Vlieseline® legen, dass links und rechts, je nach Größe des Geschenks, mindestens ein Überstand von 20 cm stehen bleibt. Diese Überstände zu Blüten auf das Geschenkpaket hochziehen und dort mit dem Kräuselband fest zusammenbinden. Jede Wachsperle an ein Stückchen Silberdraht binden und in das Blüteninnere einstecken.

Fliegengitter-Verpackung

Material

- *Fliegengitter aus Kunststoff in Anthrazit*
- *Geschenkpapier in Weiß*
- *Sicherheitsnadeln in Silber*

Das Geschenk zuerst in das weiße Papier einpacken. Das Fliegengitter in der passenden Größe zuschneiden, sodass auf der einen Seite des Päckchens relativ viel davon übersteht, auf der anderen etwas weniger. Auf der Seite, auf der weniger übersteht, das Fliegengitter wie Papier einschlagen, falten und mit einer großen Sicherheitsnadel fixieren. Auf der anderen Seite das Fliegengitter auf den Geschenkkarton hochziehen und zu einer Blüte zusammenfassen. Die Blüte mit mehreren Sicherheitsnadeln fixieren, genauso wie die übereinander geschlagenen Fliegengitterenden auf dem Geschenkkarton. Die Blüte am Schluss noch ein wenig in Form zupfen.

Verpackungen mit Tüten

Tüten haben Sie sicher viele zu Hause, ob von Ihrer Kosmetikerin oder Ihrem letzten Einkaufsbummel. Aber wussten Sie auch, dass Sie diese Tüten mit kleinen Tricks und Kniffen und ein paar Accessoires versehen in raffinierte Geschenkverpackungen verwandeln können? Lassen Sie sich überraschen!

Zebratüte

Material

- *Tragetüte aus stabilem Papier in Weiß*
- *Bastelfarbe in Schwarz*
- *schmales Satinband in Weiß*
- *Pinsel, Stärke 6 und 12*

Das Zebramuster frei Hand mit dem Bleistift vorzeichnen, dabei an der Abbildung orientieren. Beschriftungen, die auf der Tüte sind, so in das Design einplanen, dass sie mit Schwarz übermalt werden. Mit dem dicken Pinsel die Zebrastreifen aufmalen, mit dem dünnen Pinsel die Konturen nachziehen. Das Geschenk in die Tüte packen und die Kordeltragegriffe mit weißem Satinband fest zusammenbinden.

Blockstreifentüte

Material

- *Tragetüte aus dickem, transparentem Plastikmaterial*
- *Tonpapier in Rot, Hell-Orange, Dunkel-Orange und Gelb*
- *Silkpapierband in Orange*
- *Sprühkleber*
- *Cutter und Schneideunterlage*

Die Blockstreifen aus Tonpapier so zuschneiden, dass sie die Beschriftungen der Tüte überdecken, und mit Sprühkleber auf der Tüte fixieren. Die Kordeltragegriffe der Tüte entfernen, das Geschenk in die Tüte legen, ein Stück Silkpapierband durch die Tütenösen ziehen und die Verpackung mit einer halben Schleife zubinden.

Blumentüte

Material

- *Tragetüte aus Naturpapier*
- *Filz in Orange, Rot und Lila*
- *Holzleim aus der Flasche*
- *„Magic Tiwist Tie"-Papier oder dünnes Papierband mit Drahtverstärkung in Orange*

Vorlage Seite 127

Die Blumen von der Vorlage auf den farblich passenden Filz übertragen, ausschneiden und mit Holzleim zusammenkleben. Wenn vorhanden, die Kordelgriffe der Tüte entfernen. Dann die Filzblumen so auf der Tüte aufbringen, dass die Beschriftungen damit überdeckt werden. Das Geschenk in der Tüte verstauen, durch die Tütenösen zwei lange Papierbandstücke ziehen und verknoten. Die langen Enden des Bandes nacheinander um einen Finger zu Spiralen drehen und aufspringen lassen.

Last-Minute-Verpackungen

So ein Mist! Sie haben vergessen, Geschenkpapier zu besorgen und alle Geschäfte haben bereits geschlossen. Was sollen Sie nur tun? Auf keinen Fall verzweifeln, denn aus Zeitungspapier, Alufolie & Co. lassen sich im Handumdrehen tolle Geschenkverpackungen zaubern!

Zeitungsverpackung

Material

- *alte Zeitung*
- *dünne Paketschnur*

Das Päckchen nach der Grundanleitung verpacken und mit der dünnen Paketschnur verschnüren. Dann ein Doppelblatt aus der Zeitung nehmen und einmal der Länge nach falten. Das gefaltete Doppelblatt von der linken Seite her aufrollen, dabei mit der rechten Hand die Zeitung nach hinten umbiegen. Die Rose formen, indem dabei die Zeitung oben leicht nach außen gezogen und unten zu einem Stiel zusammengerafft wird. So fortfahren, bis die Zeitung aufgebraucht und die Rose mit Stiel entstanden ist. Den Stiel der Rose mit Paketschnur abbinden, an der Verschnürung festbinden und einige Meter Schnur als Schnürsenkelschleife über den Stiel binden.

Verpackung mit Packpapier

Material

- *Packpapier*
- *Efeu*

Das Geschenk wie in der Grundanleitung beschrieben verpacken. Vom Packpapier zwei ca. 20 cm breite Streifen abschneiden, diese jeweils zu einer dicken Schnur verdrehen und beide Papierschnüre rechts und links am Paket befestigen, sodass die Papierschnüre oben über das Päckchen laufen. Die Efeuranken unter den verdrehten Papierstreifen durchziehen.

Alufolienverpackung

Material

- *Alufolie*
- *gelbe Rose (oder eine andere Blume aus dem Garten)*

Das Geschenk nach der Grundanleitung in Alufolie einpacken und mit der Rose verzieren.

Tipp

Auch aus Servietten, Stoffresten oder einem ganz gewöhnlichen Küchenhandtuch lassen sich witzige und edle Geschenkverpackungen kreieren. Lassen Sie einfach Ihrer Fantasie freien Lauf und experimentieren Sie mit allem, was Sie zu Hause haben!

schein für ein
llness-Wochenende
AROMA

Geschenkte Zeit

In unserem heutigen, immer hektischer werdenden Alltag gibt es ein ganz wertvolles Geschenk, das Sie verschenken können, nämlich Zeit. Nehmen Sie sich die Ruhe und verbringen Sie schöne Stunden mit Ihrem Partner oder Ihren Freunden, sei es bei einer verwöhnenden Massage, einem romantischen Candle-light-Dinner oder einfach nur bei einem Spaziergang!

Alle Zeit der Welt

Wann haben Sie das letzte Mal ein paar ruhige Stunden mit Ihrem Partner verbracht, ohne dabei in Gedanken im Büro bei all Ihren noch zu erledigenden Aufgaben zu sein? Ist das schon eine ganze Weile her? Dann nehmen Sie sich Zeit und verschenken Sie statt eines teuren Präsents lieber ein romantisches, selbst gekochtes Candlelight-Dinner – und freuen Sie sich über das Leuchten, das Sie damit in seine Augen zaubern!

Unsere schnelllebige Zeit

Das einundzwanzigste Jahrhundert ist eines der schnelllebigsten überhaupt, und die Zeit, die jedem zur Verfügung steht, wird immer knapper. Beruflich ist man stark gefordert, die Karriere ist für viele fast alles. Trotzdem möchte man fit bleiben und treibt deshalb Sport. Und dann sind da natürlich noch die ganzen Freizeitaktivitäten, die ebenfalls regelmäßig auf dem Programm stehen, sei es der Film, den man unbedingt gesehen haben muss, oder das Familienfest, um das man sich einfach nicht drücken kann. Aber kommen dabei die Menschen, die Ihnen am Herzen liegen, nicht eigentlich zu kurz? Wann haben Sie das letzte Mal mit Ihrem Partner oder Freunden ein richtig gutes Gespräch geführt? Und hat Sie Ihr Partner nicht schon des öfteren um etwas gebeten und Sie haben ihn immer wieder auf später vertröstet? Sind Sie wirklich für andere da, wenn man Sie braucht? Nein? Dann schenken Sie den Menschen Zeit.

Selbst gemachte Geschenke

In diesem Buch finden Sie zahlreiche Geschenkideen zum Selbermachen. Das ist z. B. eine Möglichkeit, Zeit zu verschenken – schließlich können Sie dafür nicht einfach kurz vor knapp in den Laden stürmen und das Erstbeste mitnehmen,

sondern müssen sich schon vorher Gedanken machen, was passt. Und wer freut sich nicht über eine liebevolle Überraschung, besonders, wenn diese auch noch hübsch verpackt ist?

Zeit auf Schein

Auch Gutscheine sind eine tolle Möglichkeit, Zeit zu verschenken. Überraschen Sie Ihre Freundin doch einmal mit einem Gutschein für Hilfe bei der Hausarbeit, wie Putzen oder Bügeln. Während Sie im Haushalt wirbeln, nimmt sich Ihre Freundin Zeit für einen Einkaufsbummel. Frisch gebackene Eltern freuen sich über einen Babysitting-Gutschein, weil dieser ihnen die Möglichkeit gibt, mal wieder ein paar gemeinsame Stunden als Paar zu verbringen. Auch Hilfe beim Renovieren, Auto waschen oder im Garten ist sicher immer gerne willkommen. Denken Sie darüber nach, womit Sie anderen eine Freude machen könnten, und lassen Sie sich dabei auch von den Gutscheinideen hier im Buch inspirieren.

Ein Tag für uns

Ihr Partner kam in letzter Zeit zu kurz? Dann nehmen Sie sich das nächste Wochenende richtig Zeit für ihn. Gehen Sie gemeinsam spazieren, verwöhnen Sie ihn mit einer entspannenden Massage und kochen Sie ein romantisches Candlelight-Dinner. Wer will, kann für dieses Wochenende einen Gutschein basteln, um die Vorfreude zu wecken.

Herzlichen Dank!

Nicht immer werden Sie die Person sein, die auf der Suche nach einem passenden Geschenk ist. Manchmal, wie zum Beispiel zu Ihrem Geburtstag, sind Sie nämlich in der glücklichen Lage, selbst reich beschenkt zu werden. Sicher freuen Sie sich riesig über all die sorgfältig ausgesuchten und liebevoll verpackten Geschenke. Dann zeigen Sie Ihre Freude auch und sagen Sie auf nette Art und Weise „Danke“!

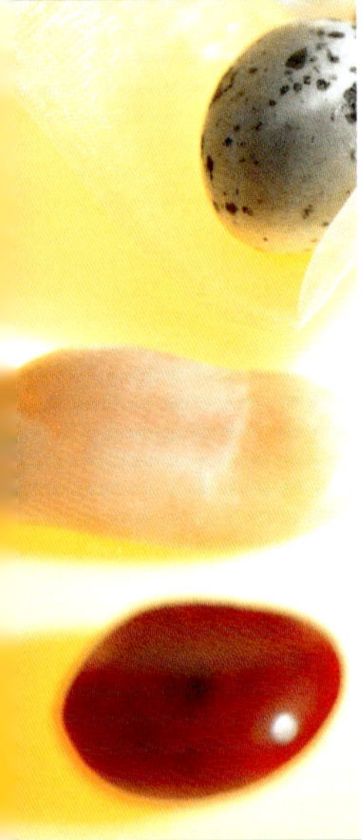

Reich beschenkt – und was nun?

Sie haben Geburtstag. Ständig klingelt es an der Tür, Ihre Gäste trudeln ein und jeder drückt Ihnen ein Päckchen oder einen Blumenstrauß in die Hand. Aber wohin mit all den Sachen? Wann packen Sie die Geschenke am besten aus? Und was tun Sie, wenn jemand Ihren Geschmack gar nicht getroffen hat?

Jeder mag Geschenke

Sind wir doch mal ehrlich, jeder freut sich über ein Geschenk, egal, ob Groß oder Klein. Und ganz bestimmt kommt es Ihnen nicht auf den Preis des Präsents an. Denn schließlich können Kleinigkeiten, die mit Liebe ausgesucht oder sogar selbst gemacht worden sind, einem mehr Freude bereiten als manch teures Geschenk. Ganz besonders freuen Sie sich natürlich, wenn der Schenkende Ihren Geschmack ganz genau getroffen hat oder Ihnen etwas mitbringt, das Sie sich insgeheim schon lange gewünscht haben.

Zeigen Sie Ihre Freude

Wenn Sie jemandem etwas schenken, dann hoffen Sie natürlich immer, dass Ihr Geschenk auch wirklich gut ankommt. So geht es anderen auch. Deshalb: Zeigen Sie Ihre Freude über das Geschenk! Das heißt nicht, dass Sie sofort alles stehen und liegen lassen müssen, um in Freudentänze auszubrechen, sobald Sie ein Päckchen überreicht bekommen. Umgekehrt sollten Sie die Geschenke aber auch nicht achtlos in eine Ecke werfen und erst am nächsten Tag heimlich, still und leise öffnen.

Blumen gehören in die Vase

Erwarten Sie mehrere Gäste bzw. Präsente, bietet es sich an, einen Geschenktisch vorzubereiten, auf dem Sie die Geschenke ablegen. Wenn dann der richtige Moment gekommen ist, z. B. nach dem Essen, packen Sie im Beisein der Schenkenden die Mitbringsel aus. Zeigen Sie Ihre Begeisterung und bedanken Sie sich. Auch bei der Verabschiedung können Sie noch einmal Ihre Freude äußern.

Bekommen Sie Blumen geschenkt, dann gehören diese sofort in eine Vase und dann an einen Platz, an dem sie gut zu sehen sind.

Was tun, wenn's nicht gefällt?

Aber was tun, wenn Ihnen das Geschenk überhaupt nicht zusagt? Das ist eine knifflige Frage, auf die es leider keine pauschale Antwort gibt. Entweder Sie tun so, als ob Ihnen das Geschenk gefällt, oder Sie versuchen auf diplomatische Art und Weise zu sagen, dass das Geschenk nicht ganz Ihren Geschmack trifft. Hat sich z. B. jemand ganz viel Mühe gegeben und Ihnen ein Spitzendeckchen gehäkelt, das nur nicht zu Ihrer modernen Einrichtung passt, dann sollten Sie die Person besser nicht vor den Kopf stoßen. Handelt es sich dagegen um einen gekauften, teuren Gegenstand können Sie vorsichtig versuchen zu erklären, dass ihnen das Geschenk nicht gefällt, denn schließlich wäre es schade und sicher auch nicht im Sinne des Schenkenden, wenn das Geschenk einfach bei Ihnen im Schrank verstauben würde.

Danke!

Wie bereits vorne schon angesprochen, sollten Sie gleich nach dem Auspacken „Danke“ sagen. Ganz besonders freut sich der Schenkende, wenn Sie dies einige Tage später nochmals schriftlich tun. Es muss nicht unbedingt eine lange Dankeshymne sein, ein schlichtes „Danke“ auf einer hübschen, vielleicht sogar selbst gemachten Karte reicht vollkommen aus. Wenn Sie ein supertolles Geschenk erhalten haben, über das Sie sich riesig gefreut haben, können Sie Ihre Dankbarkeit auch zeigen, indem Sie einen Blumenstrauß schicken. Bedanken Sie sich möglichst handschriftlich, das wirkt persönlicher. Nur nach Hochzeiten oder Jubiläen dürfen Sie vorgedruckte Dankeskarten versenden, denn da versteht jeder, dass Sie unmöglich so viele Briefe persönlich schreiben können. Fügen Sie am besten einen witzigen Schnappschuss bei – darüber freut sich jeder!

Kleine Danksagungs-Geschenke

Statt mit einer Karte oder Blumen können Sie sich auch mit kleinen Danksagungs-Geschenken bedanken. So bleibt der Dank sicher ganz besonders lange in Erinnerung. Wie schön, dass diese Ideen so schnell und einfach gemacht sind.

Gazesäckchen „Herzlichen Dank"

Material

- *Gazesäckchen in Weiß*
- *Kieselsteine mit Zuckerguss*
- *Elefantenhaut in Hell*
- *Stempel „Herzlichen Dank"*
- *Stempelkissen*

- *Embossingpulver in Gold*
- *Toaster*
- *Konturenschere*
- *Locher*

Die Kieselsteine in das Säckchen füllen. Auf die Elefantenhaut mit dem Stempel „Herzlichen Dank“ stempeln, das Embossingpulver einstreuen und das Papier über den Toaster halten, damit das Embossingpulver schmilzt. Die Elefantenhaut mit der Konturenschere rund ausschneiden, lochen und am Satinband des Gazesäckchens befestigen.

Dankeschön-Sekt

Material

- *geprägtes Papier in Creme, 14 cm x 9,5 cm*
- *Pergamentpapier in Creme, 14 cm x 9,5 cm*
- *Bast in Natur*
- *Klebeschrift „Dankeschön“ in Gold*
- *Piccolo-Flasche mit Sekt*
- *Locher*

Beide Papiere genau in der Mitte falzen, das Pergamentpapier in das geprägte Papier einlegen, beide oben links lochen und den Bast durch das Loch ziehen. Den Klebeschriftzug aufbringen und das Kärtchen an die Sektflasche binden.

Selbermachen

Materialien

Folgende Materialien sollten Sie für Ihre Bastelarbeiten zu Hause haben:

- Schere
- Klebstoff
- Klebestift
- Klebefilm
- ggf. Transparentpapier
- ggf. dünnen Karton
- ggf. Cutter mit Schneideunterlage
- Locher
- ggf. doppelseitiges Klebeband
- Bleistift

Schablonen

Für einige Modelle hier im Buch müssen Sie Vorlagen übertragen. Manchmal empfiehlt es sich, dafür Schablonen anzufertigen. Dabei gehen Sie folgendermaßen vor:

- Legen Sie das Transparentpapier auf die Vorlage (bzw. die Vergrößerung davon) und pausen Sie die Linien ab. Schneiden Sie die so entstandene Transparentpapier-Vorlage aus.
- Nun können Sie das Transparentpapier direkt auf das entsprechende Material legen und die Umrisse mit einem Bleistift nachfahren. Falls Sie aber eine stabilere Schablone wünschen, dann kleben Sie die Transparentpapier-Vorlage auf dünnen Karton und schneiden daraus die Schablone aus.

Schildkröten-Puzzle

Seite 36

Vorlagen vergrößern

Einige Vorlagen hier im Buch wurden verkleinert. Den entsprechenden Vergrößerungsfaktor finden Sie aber bei den jeweiligen Modellen angegeben. Lassen Sie sich ggf. in einem Kopiergeschäft beraten.

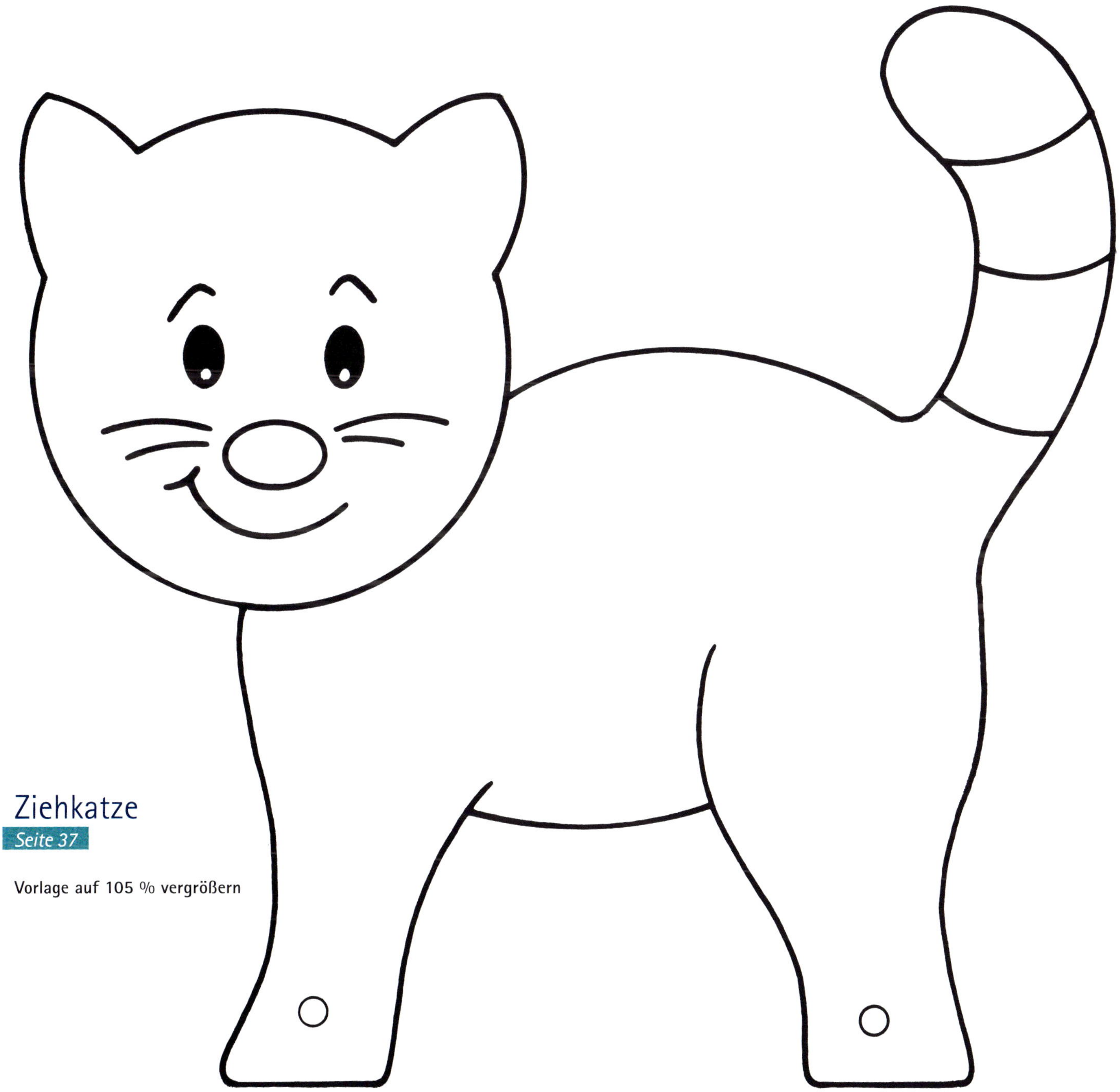

Ziehkatze

Seite 37

Vorlage auf 105 % vergrößern

Gutschein für
Hilfe im Garten

Seite 42/43

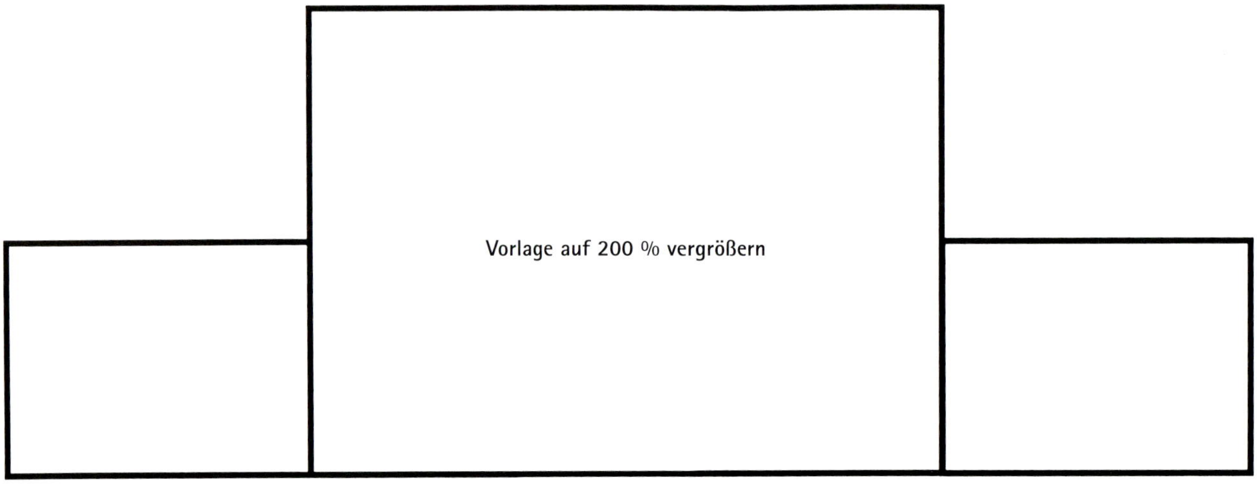

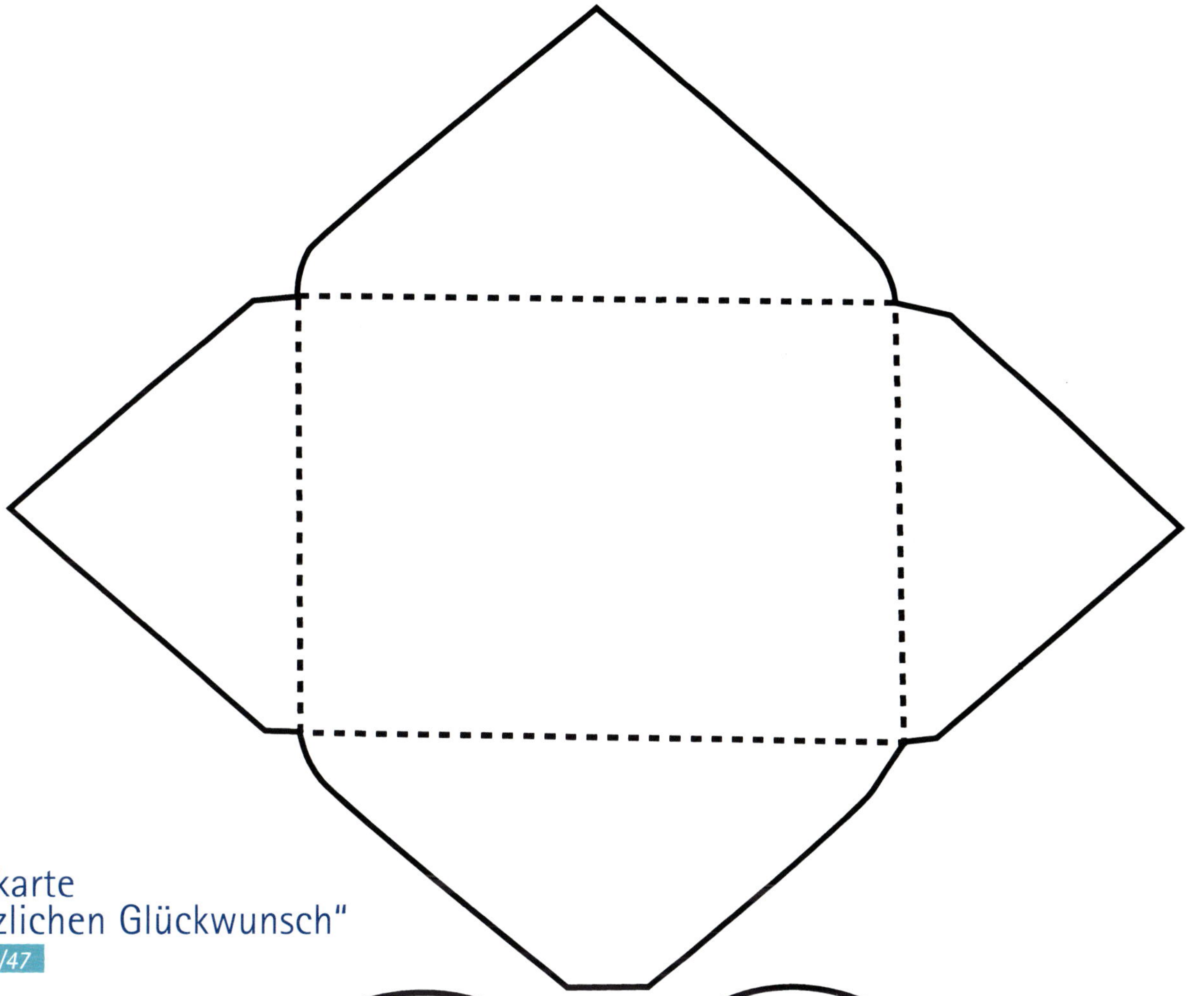

Geldkarte
„Herzlichen Glückwunsch“

Seite 46/47

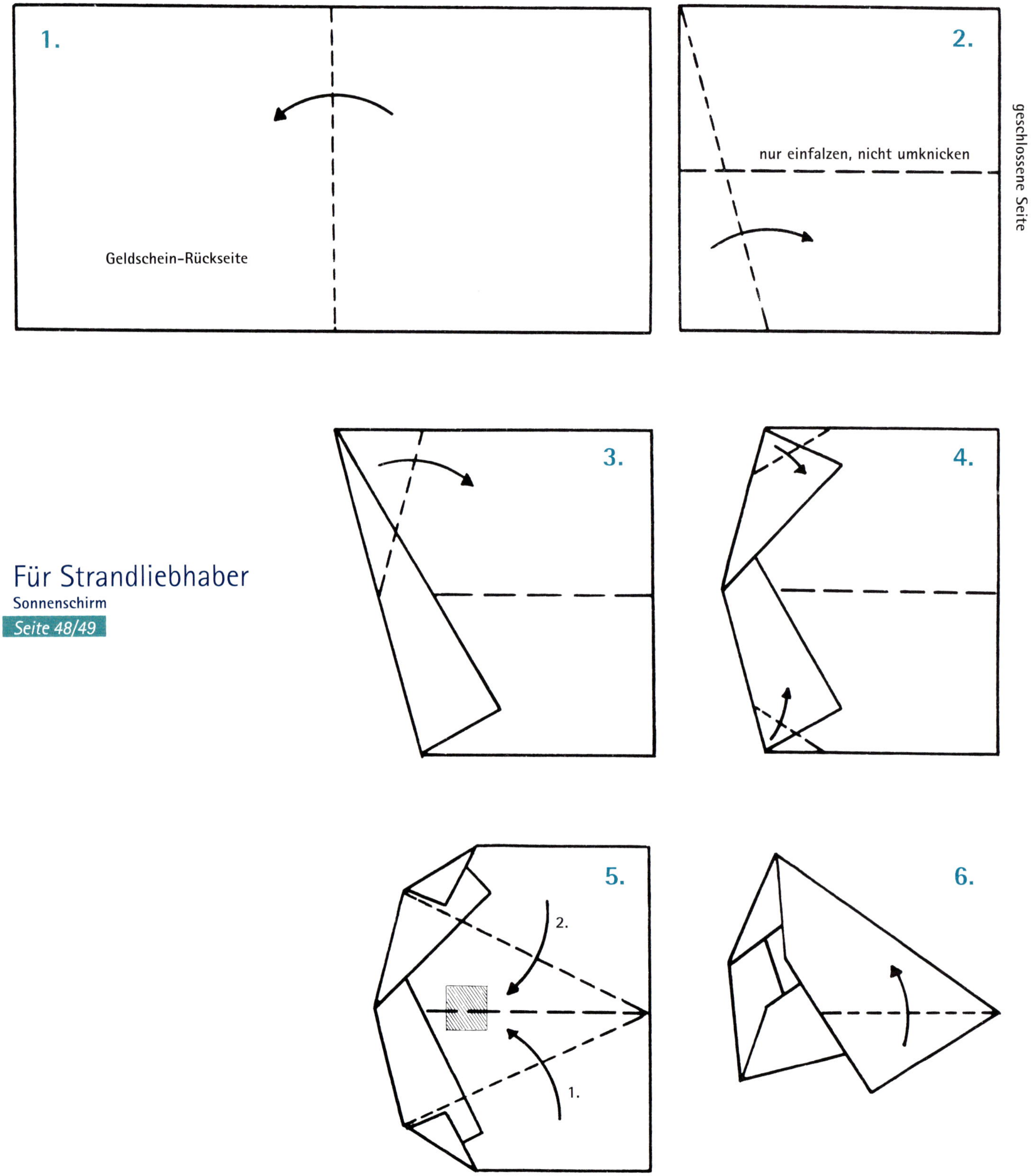

Für Strandliebhaber

Sonnenschirm

Seite 48/49

Für Strandliebhaber
Liegestuhl

Seite 48/49

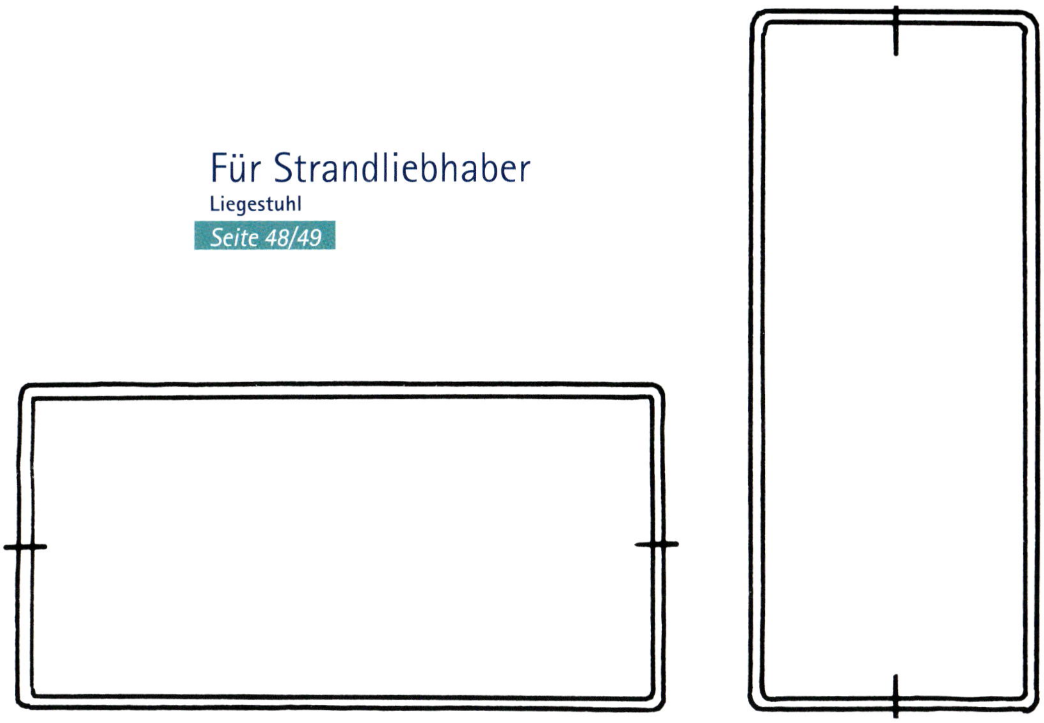

Für Strandliebhaber
Sonnenschirm

Seite 48/49

Für Strandliebhaber
Tisch mit Buch

Seite 48/49

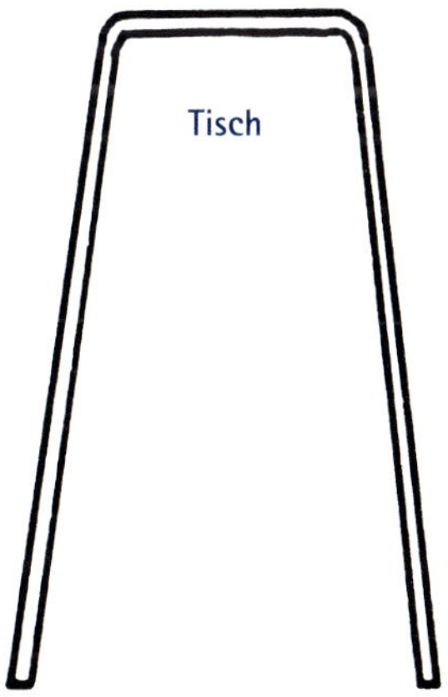

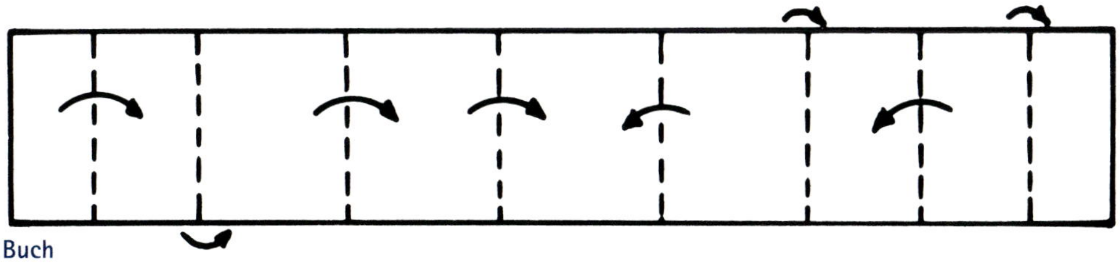

Buch

Herzlicher Gruß

Seite 58

Vorlage auf 125 % vergrößern

Geldkarte mit Blume

Seite 47

Gutschein fürs Solarium

Seite 44/45

Viel Glück

im

neuen Heim

Herzlicher Gruß

Seite 58

Schuhe

Schuhbeutel
Seite 32/33

Wäsche

Beutel für Schmutzwäsche
Seite 32/33

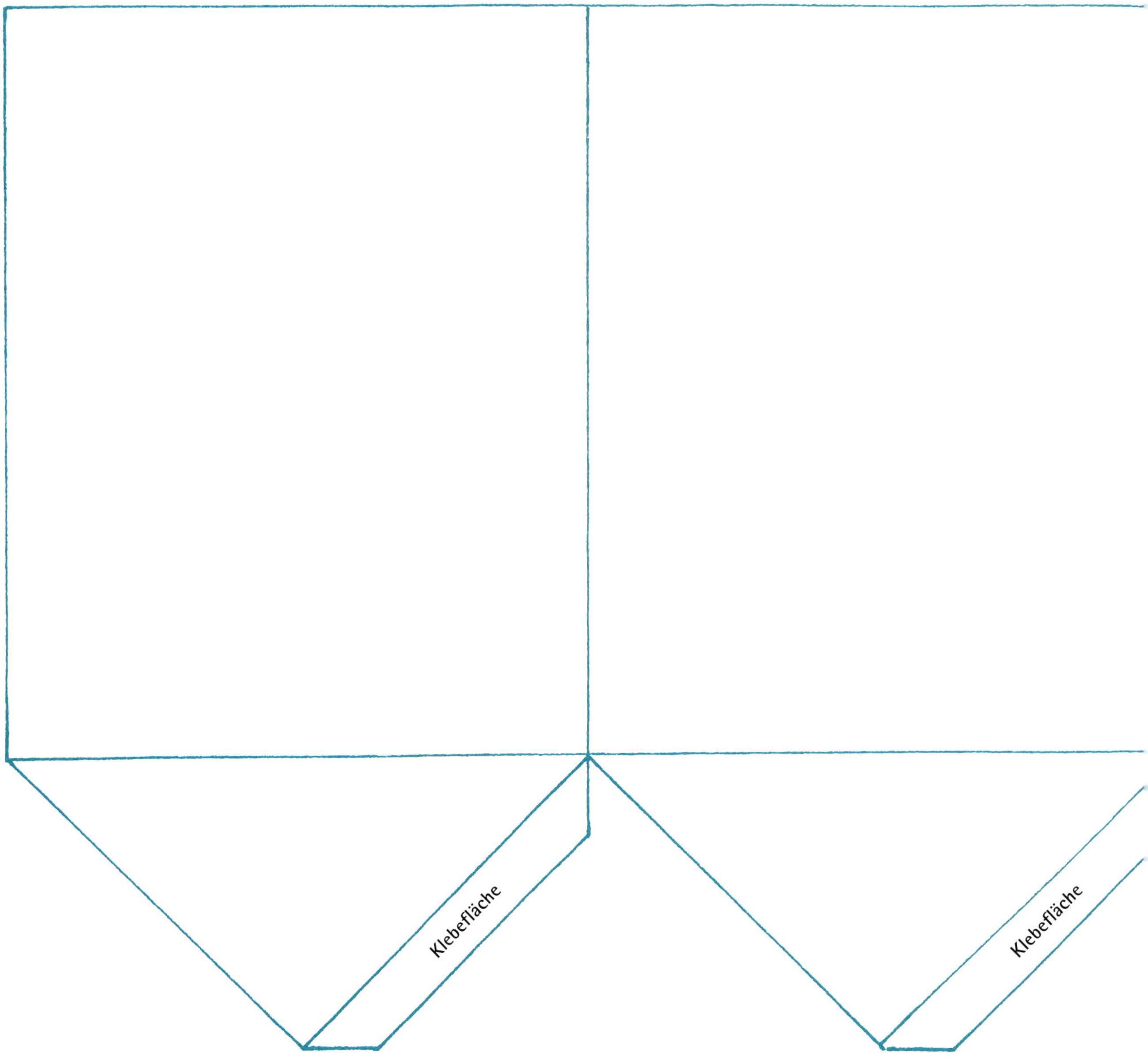

Blumentüte

Seite 105

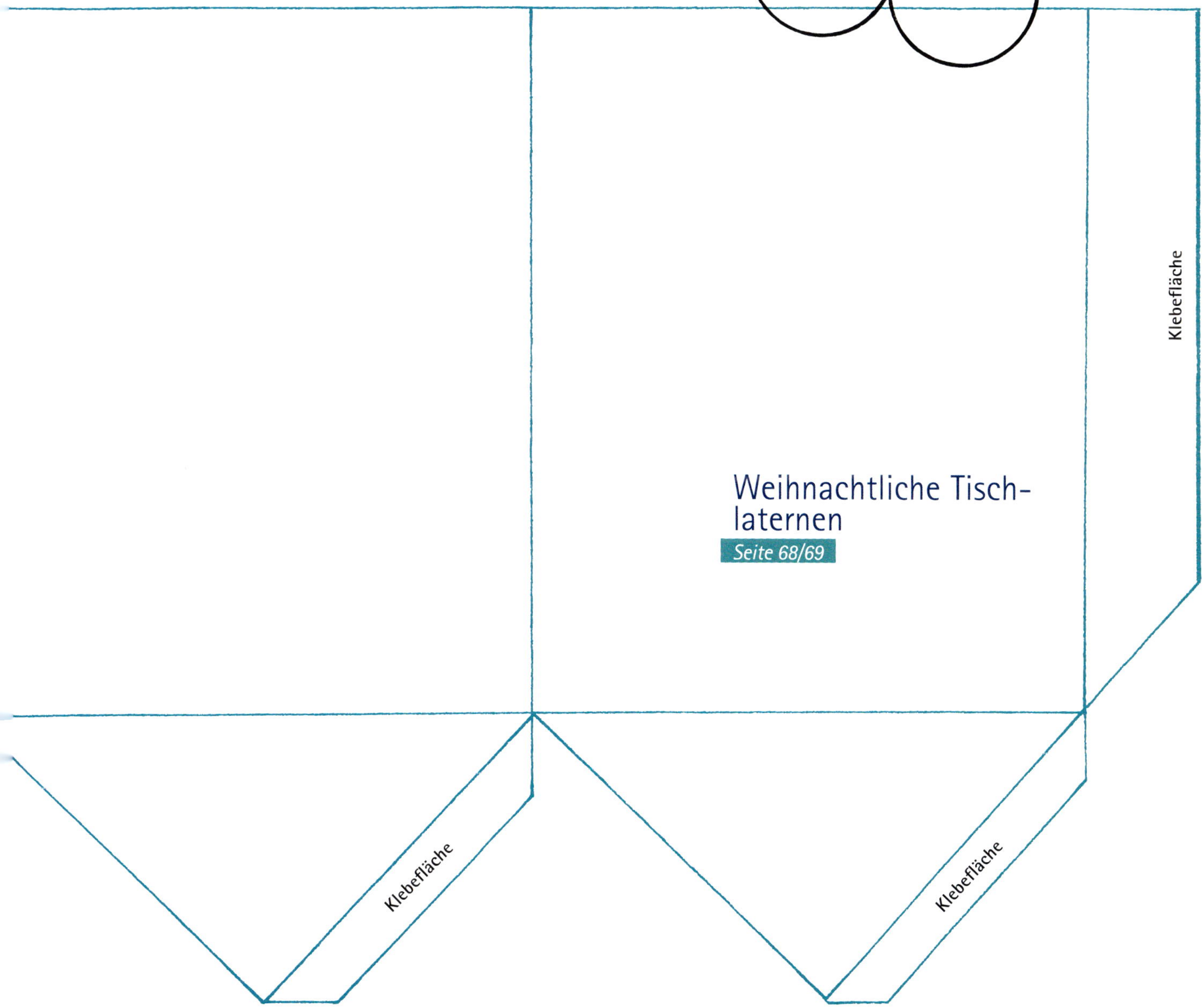

Weihnachtliche Tischlaternen

Seite 68/69

Impressum

Redaktionelle Texte: Evelyn Weiß-Leimser

Modelle: Monika Gänsler (S. 36/37), Sieglinde Holl (S. 18/19, S. 20, S. 22/23, S. 42/43, S. 44/45, S. 46/47, S. 48, S. 86, S. 96/97, S. 98/99, S. 100/101, S. 106/107, S. 116/117), Barbara Huber (S. 28/29, S. 30, S. 32/33, S. 34/35, S. 45, S. 52/53, S. 54/55, S. 56, S. 58/59, S. 63, S. 65, S. 67, S. 68, S. 70/71, S. 102/103, S. 104/105), Tina Quaas (S. 26/27, S. 31), Pamela Roppel (S. 49), Evelyn Weiß-Leimser (S. 21, S. 24/25, S. 69)

Gestaltung, Herstellung: Anette Vogt, Gerhard Junker (red.sign, Stuttgart)

Konzeption, interne Redaktion, Lektorat:
Kim Marie Poelmann

Fotos Umschlag: Reinhard Mutschler, Zefa (Rückseite, Paar mit Tulpenstrauß), Mauritius / AGE (Rückseite, Tüten)

Fotoproduktion: Reinhard Mutschler, Stuttgart

Weitere Fotos aus dem Inhalt:
Zefa (S. 2, Einklinker Päckchen), Zefa (S. 2, Einklinker Frau), Mauritius / AGE (S. 3, Einklinker Paar in Badewanne), Zefa (S. 6, Einklinker Rose), Mauritius / AGE (S. 6, Einklinker Tüten), Zefa (S. 6/7, Päckchen), Zefa (S. 8, Einklinker Päckchen), Mauritius / AGE (S. 10, Tüten), Zefa (S.11, Paar mit Rose), getty images / Eric Jacobson (S. 13, Tulpenstrauß), Zefa (S. 14, Einklinker Schere), Zefa (S. 17, Schere), Mauritius / Power Stock (S. 39, Party), Zefa (S. 50/51, Paar beim Umzug), Zefa (S. 52/53, Frau mit Baby), Zefa (S. 55, Hochzeitspaar), Mauritius / AGE (S. 56/57, Arbeitsplatz), Zefa (S. 50/51, Einklinker Paar beim Umzug), Zefa (S. 62, Kaninchen), Zefa (S. 64, Mädchen), Zefa (S. 66/67, Sommerparty), Zefa (S. 68, brennende Kerze), Mauritius / AGE (S. 70, Feuerwerk), getty images / Bryan Peterson (S. 72, Einklinker Edelstein), PhotoDisc (S. 72, Einklinker Uhr), Zefa (S. 72, Einklinker Blumenstrauß), Zefa (S. 75, Frau mit Einkaufstüten), Mauritius / Mohr (S. 75, Frau auf Pferd), Zefa (S. 76, Edelsteine), getty images / Bryan Peterson (S. 77, Edelstein), Mauritius / AGE (S. 78, Perlenkette), PhotoDisc (S. 79, Uhr), getty images / Spencer Jones (S. 80, Parfümflasche), Zefa (S. 79, Frau in Blumenwiese), Zefa (S. 80, Mann auf Surfbrett), Mauritius / AGE (S. 82/83, Rosenblüte), Mauritius / Stock Image (S. 83, Frau), Mauritius / AGE (S. 84, Rosenblüte), Zefa (S. 85, Blumenstrauß), Zefa (S. 87, Picknickkorb), Mauritius / Rynio (S. 88, Bauklötzchen), Mauritius / Stock Image (S. 89, Frau mit Baby), Mauritius / Rosenfeld (S. 90, Teetasse), Zefa (S. 90, Schale mit Essstäbchen), Zefa (S. 91, Backgammon), Mauritius / AGE (S. 91, Euro-Münzen), Mauritius / AGE (S. 108/109, Paar in Badewanne), Mauritius / AGE (S. 108/109, Einklinker Paar in Badewanne), Mauritius / Stock Image (S. 110, Frauen auf Parkbank), Zefa (S. 112, Einklinker Sonnenblume), Mauritius / Stock Image (S. 112, Einklinker Freundinnen), Mauritius / Stock Image (S. 114, Freundinnen), Zefa (S. 115, Sonnenblume)

Auflage:	5.	4.	3.	2.	1.	Letzte Zahlen
Jahr:	2006	2005	2004	2003	2002	maßgebend

ISBN 3-7724-5502-6 · Best.-Nr. 5502

frechverlag GmbH, 70499 Stuttgart
Druck: frechdruck GmbH, 70499 Stuttgart